# 其實，你不是你以爲的自己

——療癒成長的創傷，還原靈性的美好

U0076580

吳若權

臣服的姿態，是如此的輕盈；
臣服的力量，是如此的巨大。

你不是情緒；情緒不是你。

你最該畫清界線的，不是你和別人的關係，

而是讓自己從情緒中抽離。

任青春盡情飛揚，

無須預測風的方向！

29

當下接納所有的痛苦，
就如同細細品嚐一杯好咖啡的滋味。

面對批評、背棄、反叛，
你確實需要自省，但不需要自責。
你需要負責，但不需要咎責。

自序

# 你是浪花，也是海洋——愛，是最高的修行

人生如戲，不要入戲太深，別把夢當真。所有的逆境，只是暫時的幻相，以痛苦召喚自己回到內在。覺察憤怒的情緒，來自匱乏的恐懼，唯有重新記起自己本來就有的愛與慈悲，便能勇於面對挑戰，穿越迷霧，習得智慧，享受豐盛。

萬里晴空下的浪花，隨潮來潮往依戀著沙灘。每一個細碎的泡沫，像是同甘共苦的日常。而當險峻天候激起驚濤駭浪，猛烈拍擊岸邊的岩石，每一次撕心裂肺的衝撞，都成了逆襲的無常。

原來，生命是浪花，無常也是日常。

人間旅客，皆是觀察者。有人喜歡享受風和日麗的沙灘，攜家帶眷，呼朋喚友，隨波逐浪，任歡顏笑語，一路灑落，弄濕衣裳。

有人樂於在特殊天氣中觀賞巨浪在狂風中奔馳，看那「亂石穿空，驚濤拍岸，捲起千堆雪」的壯烈。即使被基於安全理由勸阻，仍義無反顧向前瞻望。

**無論面對的是細碎的浪花、或是狂濤巨浪，人們之所以無畏無懼，是因為處於驚險萬狀的那一刻，很明白自己只是站在岸邊觀浪，而不是在波濤上行船——抽離可以卸除恐懼，謙卑能夠化解危機。**

然而，在真實的人生裡，我們都入戲太深，還把夢當真，忘了要和情緒保持距離。所以經常捲進情緒之中，甚至把情緒當成自己。

有位金融業的女性主管，為了正值少年的兒子傷透腦筋。這孩子本來乖巧，但進入中學後迷上電玩手遊。有一天，她刻意安排適合少年的參訪旅行，除了召集親友參加，並提供免費名額，要兒子邀請好友結伴而行。哪知道兒子當天鬧脾氣，不但出門前動作拖拖拉拉，讓大家等候甚久，耽誤一班高鐵的時間，整個行程大亂，還看他一路擺臭臉。

午餐時，兒子不肯坐下來好好吃飯，父子為此爆發衝突。即使丈夫刻意避開眾人眼光，把兒子拉到餐廳外面訓誡，表面上髮膚無傷地回到座位，但，各自的情緒顯然都已經血跡斑斑。她也因為夾在丈夫與孩子間，而左右為難。

事後，她來向我求助。我懇請她回到初衷想想：「當時為什麼要規畫這個活動？」她回答：「是為拉兒子一把，不要沉溺於手機遊戲。」我再提醒她：「妳是真的愛他？還是想要控制他？」、「他的表現，有沒有刺激到妳內在的恐懼？」、「妳會不會擔心自己是個失職的母親、或因此覺得自己沒面子？」

短短幾分鐘的對話，她迅速找到真正的答案。從早到晚，她輪轉於生氣、失望、擔心、恐懼之中，把那些負面情緒都當成自己，她唯一沒想起來的是：「愛」，而「愛」才是她真正的初衷。

如果能夠隨時隨地一直記起自己是「愛」，所有的憤怒與恐懼，只是一時的情緒，就不會緊緊抓著憤怒與恐懼，誤以為那個就是自己。接著便能避免自我貶抑，責怪自己做不到、做不好，在辦公室日理萬機，回家卻栽在兒子手裡。

**療癒所有創傷的過程；**
**就是帶自己走上回家的路途！**

多年來從事療癒諮詢工作，我對每個個案的遭遇感同身受。家家有本難念的經；每個人也都有自己的為難。從人際、親子、情感、到伴侶，每段關係都有不為人知的曲折；從課業、工作、健康、到經濟，每項挑戰都要靠自己去經歷。

歸結所有憤怒與恐懼的情緒，背後其實都存在「我不被愛」、「我不被支持」的誤解。父母覺得孩子不受教；孩子認為自己讓父母失望。彼此站在兩端拉鋸，卻都有共同的感受：「我不被愛」、「我不被支持」，衍生出憤怒與恐懼，使得雙方受傷。

還有一個心靈諮詢的個案，是三十二歲的男性上班族。為了改善家裡的經濟狀況，他努力地拚命工作，下班後還繼續兼差送餐飲。明明前途大有可為，卻總是碰到難搞的同事和理念不合的主管。研究所畢業至今，換了五份工作。我為他提供「童年療癒」的諮詢，才一小時的時間，身材高大、長相陽剛、氣質威猛的他，當場痛哭失聲。

他一邊啜泣、一邊說，想起小學時，爸爸因為和老闆發生口角而突然失業，那段期間家庭的慘狀……爸爸經常喝酒，無故打罵他和妹妹，媽媽嚇到不敢出手救援，任憑爸爸發完酒瘋沉睡後，才帶他和妹妹進房間擦藥。

我問他：「對媽媽當時的反應，有什麼想法？」他不假思索地回答：「我覺得她不是媽媽，而是一個同樣害怕挨打，需要被保護的小孩。」

那年，他不到七歲，就已經被迫為了求生存而忍受委屈。而且，明顯地有家庭角色錯位的問題。並且把經濟匱乏與情感缺損，都同步寫進深層的潛意識裡。

直到二十五年後，在我協助之下，解除「限制性信念」，他才把自己從「心牢」中釋放出來。職場上的江湖闖蕩，與家庭裡的兵荒馬亂，所有的委屈都很相似。只是更換道具、移動布景，從父母手足，改為上司同事，我們都在「堅持做自己」和「為別人妥協」之間矛盾掙扎。

**長大之後所有的遭遇，其實都是童年記憶的投射。要解決外在的問題，必須先回到內在處理恐懼。**這是我經歷人生上半場的慘烈之後，痛定思痛逐步起程回家的領悟。表面上看似因為母親的病痛，讓我必須回家；其實是為了療癒自己的創傷，才知道要折返心靈的故鄉。所有的靈性導師，都把這個轉折稱之為「回家」。

我從小就是個高敏感的孩子，彷彿和一般人生活在不同維度的時空。至今我仍擁有兩歲之前的記憶，常常在不經意間預測生死，能隔空知道朋友正在做什麼，並在初識陌生人的第一眼即看透他的心思。

曾經因為這些特質帶來一些困擾，而且就算有些靈通，也無助於解決人生柴米油鹽的課題。我跟一般人一樣，會遭遇各種困境，甚至因為高敏感而讓痛苦加倍。然而，正因為這加倍的痛苦，把我快速推向夢醒時分的邊緣，逼迫自己走向內在的覺醒。

尤其經歷母親中風、父親驟逝、母親罹癌等生死關頭，我也從意氣風發的上班族，轉變為居家照顧者，長達四分之一個世紀，處於孤立無援的狀態。無以數計「我不被愛」、「我不被支持」的感受，都在教導我如何澄清，並放下這些念頭。

如果「我不被愛」是真的，那我就愛自己吧。倘若「我不被支持」是真的，那我就支持自己吧。於是，我獨自扛起家計與照顧的責任，仰賴一位如同家人般的外籍看護，把工作當作唯一的休閒，將陪病視為必須的使命。

熬過許多艱難的歲月，當收到醫院主治醫師的通知：「恭喜吳媽媽平安度過這驚險的五年，我要宣布她已經從多重轉移的癌症中徹底痊癒了！」那一刻，我沒有驚喜、沒有雀躍、沒有放棄、沒有「從今天開始，終於可以好好休息」的奢望，因為「老化」是比「癌症」更棘手的問題，更何況，我面對的是兩個人一起逐步衰老的現實。

慶幸的是，我學會全然地接納一切的發生。所有的好消息、壞消息，都是「此刻理當如此」、「此時各如其是」！我沒有否認、沒有質疑、沒有抗拒。我衷心感謝所有曾經發生過的苦難，它讓我相信自己可以創造奇蹟。

## 解除「限制性信念」；還原自己的「本來面目」

這二十六年來的種種遭遇和奔波，讓我知道：無常，並非完全不好，它其實隱含著無限可能。學會臣服，接納每一個發生，就能鍛鍊內在的成長。

當我願意放下「小我」的恐懼匱乏；就能連結「高我」的愛與慈悲。原來，「我不被愛」、「我不被支持」都是妄念；真正的我，只要解除「限制性信念」，就會明白自己，不但被世界所愛，也能獲得宇宙的支持。如果你過去分別接觸過心理學、靈性學、神祕學，可能會困惑於各種有關於「自我」的論述，對「小我」和「高我」各有不同的定義。我建議你先不必受限於字面的解讀，只要回到內心深處去體驗與感受。

所謂的「小我」，通常是基於生理或感官的需求，透過頭腦急著做出判斷與反應，目的多半是為了保護自己免於受傷，但往往卻因此弄巧成拙。而「高我」則是超越感官意識，帶領自己與「神性」連結。

這裡說的「神性」，並不侷限於宗教，而是相對於「人性」自私自利的特質，因為無我、無私、而無畏，可以為自己帶來強大、平靜的，一股巨大的能量。

其實，你不是你以為的自己。誠如：浪花，是海洋的一部分。浪花和海洋，是相連的。不要因為浪花曾經來回徘徊依戀過沙灘，而忘記自己的本來面目是沉穩壯闊的海洋。它可以承載所有的愛恨悲歡，而且生生不息。

你是浪花，也是海洋；生命是浪花，也是海洋。你就是生命的一部分；我也是生命的一部分。如果你相信，我們的靈魂在宇宙中都是互相連結的；那紅塵俗世中的互相折磨與傷害，若真的無可避免，就請記得提醒自己：「我要從這個過程中，學習到什麼？」並辨識出它的意義與價值。

《其實，你不是你以為的自己》是我的第一百一十八部作品，以二十四堂鍛鍊靈魂升級的課程，分享如何解除「限制性信念」，陪你找回堅強壯大的自己，它可以療癒成長的創傷，還原靈性的美好。你將會發現——你比你自己認為的，還有價值；你比你自己知道的，更有力量。愛，是最高的修行。你我都在抵達的路上，終將因為愛而相遇。

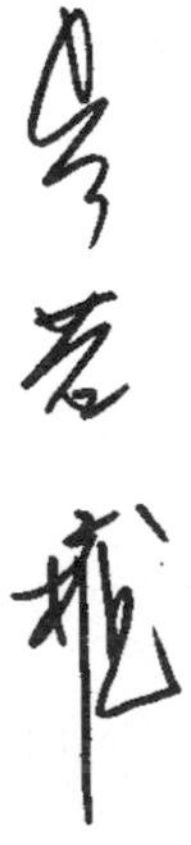

（為保護隱私，書中所有個案背景與姓名，都已經過改寫。）

# 目錄

## 輯一 釋放自己

## 輯二 覺察自己



## 輯三 顯化自己

輯四
# 信任自己

輯五

# 疼惜自己

輯一

# 釋放自己

不再試著修補生命，你就能成為生命的助手；

不再試著糾正別人，你才能成為他們的祝福。

——*傑夫．福斯特（Jeff Foster）*

# 匹配得起自己

一個人之所以感到不夠自信、或是自卑，未必是外在某些條件或表現比別人差，而是內心深處受到「限制性信念」影響，覺得自己配不上更好的對待、更值得的人生，才會不斷地討好別人、或貶抑自己。

這世界本來就看似不公平，但比這世界的不公平更殘酷的是，我們也從未真正公平地對待自己。受限於之前成長的體驗，多數人都過於貶低自己。包括那些習慣吹捧浮誇自我，明明只有半瓶水，還假裝自己很厲害的人，其實也是小看自己的，否則就不需要打腫臉充胖子了。

**過度自卑、或誇張自負，都是內在無法匹配自己的具體表現。所有認為自己做不好、得不到、愛不了的心態，完全起因於小看自己。在還沒有真正去做、去得、去愛之前，就有很多想法上的限制，認為自己不可能、也沒辦法擁有比眼前更好的人生。**

簡單而言，就是自己覺得不配、不值得。即使對外表現個性好強，死要面子，骨子裡卻都一樣，被恐懼、害怕占滿。脖子很硬、心很脆弱。從心理學的角度解釋，這稱為「自卑」，也就是「對自己沒信心」。但換個立場，站在靈性的觀點來看，很明顯是受到「限制性信念」的影響，而造成的妄念與幻相，無意間花很多時間去評斷自己，卻忽略了要多付出一點心力來珍愛自己。

例如，對著鏡子說自己胖，對著考卷說自己笨，對著愛情說自己沒人要，接下來要面臨的，就是更無法駕馭的體重、難以爭取的成績，以及不斷負心的對象。

為什麼會這樣呢？問題出在哪裡？

**我們常為了追求更好的自己，而習慣批評過去的自己、貶抑現在的自己，誤以為這會是最好的激勵，而從未想過這樣的信念，不但沒有為自己帶來真正的幫助，反而讓自己受限於困境之中，讓這個負面的慣性根深蒂固，形成痛苦的舒適圈。**

這是個迴圈，把自己困在裡面。如同拉長時間，用極細的慢火，溫水煮青蛙；很自然地，青蛙就忘了自己的本能是跳躍。

你可曾想過：與自己所付出的努力，長期一起共振的，是失敗的頻率，還是成功的頻率？你每天激勵自己的話語是：「你能做到這樣已經很好了，而且正在繼續進步中喔！」還是「你還差一些，再不努力就完了！」

你是否用盡所有方法，去追求尚未得到的夢想，而忽略在當下的每一刻要好好疼惜自己？你是否花費一切心力，去滿足別人的期待，而忘了詢問自己：「真正想要的是什麼？」

**所謂的「疼惜自己」，並不只是吃好穿好，在物質層面上順心如意而已；更重要的是，再三提醒自己：「我擁有我所要的，因為我值得。」接下來，才能讓所有的遇見和擁有，都符合自己本身的期待。**

否則，就算用盡一切努力去拚搏，也得不到自己真正想要的人生。因為，內在有個無情的聲音，會不斷唱衰自己說：「你根本不配！」、「你不值得！」即使短暫追求到自己的夢想，也很快會再度失去它。

## 放下評斷，不再自我設限，就能創造奇蹟

有個令我印象深刻的實例：怡苓受到新冠肺炎疫情影響，經過半年居家上班後，再次回到辦公室時，發現許多同事已經離職。公司開始積極招募新人，主管這時候很擔心她的去留，約她進行安撫式的面談，也提及會幫她加薪。

其實這家公司的流動率原本就很高。主管常忙於催促進度，而忽略同仁的壓力與感受。怡苓並不是沒有動過跳槽的念頭，也曾多次被獵人頭公司挖角，對方給的薪資還高於現在的百分之十五。只不過她比較適應這裡的工作步調，也想把手邊負責的專案完成，以累積更具體、更豐富的資歷，用長遠的眼光換取將來的談判優勢，才繼續留在這裡。

而此刻，機會終於到來。主管約談，想了解她的意向。

她在諮詢時問我：「我該跟主管要求加薪多少？」

我建議：「至少百分之十五，跟上妳的市場價值。」

她不假思索地驚呼：「不可能啦！我們公司從來沒有這樣的加薪紀錄，以過去的經驗推測，頂多就是加薪百分之七或八。」

無論她如何膽怯，我都堅持這個建議，並提醒她：「因為妳值得。」

兩個星期後，她向我回報結果。她照我的建議去做，主管當場嚇了一大跳。但也正因為這樣的驚嚇，而慎重地考慮。經過跟人事部門研議許久，最後決定為她加薪百分之十二。公司從未有過這麼大幅度的調薪，只好幫她提升職等，讓她晉升為主管職。正是傳說中上班族的雙喜臨門，升官又加薪，實至名歸。

雖然距離我提議的百分之十五，還有一點差距。但這個結果，已經讓怡苓喜出望外。她原本心中最高的期待，最多是百分之十。而主管卻因為沒有真正滿足到怡苓提出加薪百分之十五的要求，只加了百分之十二，對她感到愧疚，還好聲好氣地要怡苓忍耐，要怡苓給他時間，假以時日一定慢慢把薪資加到她滿意的數字。

在我看來，真正的數字並不重要。更大的關鍵其實是：

**當我們困在逆境之中，除了付出行動上的努力之外，還要運用更敏銳的覺察，以擺脫「限制性信念」，讓自己解開「不值得」的枷鎖，重新活出「值得」的人生！**

如果當怡苓爭取加薪時，能夠在心念上，更明確地與自己相挺。對加薪百分之十五深信不疑。或許，她很有可能一步到位。但因為她才剛開始練習如何擺脫「限制性信念」，在這一次的嘗試中，為仍有膽怯的自己爭取，就能獲得百分之十二的加薪，也已經在她的「不可能」中，創造了「可能」。對她而言，這是一次顯化的經驗，近似奇蹟，所以非常珍貴。

## 瓦解內在的心牆，找回自己的無限潛力

過去生命中的某些階段，我也曾經深受「限制性信念」的影響，總是覺得自己事倍功半。尚未深入學習靈性的領域之前，還常常自憐自艾，歸咎於時運不濟、流年不利、遇人不淑，犯太歲、犯小人……，後來慢慢發現「限制性信念」是一道厚實堅韌的心牆，不但會侷限自己的施展，也會阻擋自己和宇宙神聖力量的連結。

**在讓自己能力變強大的同時，一定要覺察到是什麼樣的信念限制了對**

**未來的想像，必須先讓這道高牆瓦解崩裂，所有的努力才有真正的意義，也才會事半功倍。**

有一個知名的房地產建案，邀請我代言推薦面對河堤重劃區的專案。地點位在市區中心捷運站附近，卻能享受大片落地窗景。大河匯流，盡在眼前。無論晴雨晨昏，都是壯闊視野。

至於它的售價高低，實在是見仁見智。通常我們都會覺得，買得起的，都是有錢人。沒錢的人，一定嫌它超貴。

從事行銷工作多年，我深深知道：

**價值與價格的差異在於：價格的多少，是一個絕對的數字；價值的高低，完全取決於個人感受。**

買房子，通常買的都不是房子的本身，還包含了交通、鄰居、環境，甚至還有與原生父母住家距離遠近的考慮。有錢的人，未必當下會出手；而沒錢的人，也不是真的就永遠買不起。除了「心理認同它確實是有這個價值」，還要「認為自己匹配得起」，任何買賣之所以可以成交，都必須具備這兩個要件。

聽完我的分享，業主決定採用我的意見，作為廣告表現的主題：「匹配得起自己的人生！」影片拍完之後，大家對成品都很滿意。因為，我們都被這個觀點打動；而且，消費者也因此買單。

其實無論是否買得起房子，回到凡人日常，交朋友、選工作、找對象、挑衣服，我們常把眼光對外，以世俗的標準評斷彼此是否合適，卻忘了回到內在，問問要如何才能匹配得起自己的人生？

再問問這一路走來的所言、所行、所想、所感，是否真正匹配自己？上天給了這麼獨特的身體與心智，是否有好好珍惜，並發揮出無限的潛力？千萬不要只是一直擔心沒有滿足別人的期待，最後卻留下最大的遺憾，而辜負了自己。

靈魂
練習題

# 告訴自己值得一切

## 01

以輕鬆坐姿，閉上眼睛，告訴自己：我值得擁有、值得享受、值得付出、值得被愛。

## 02

複誦3次後，請敏銳地覺察，過程中有沒有阻礙、懷疑、或抗拒？

## 03

如果有的話，請將那個念頭詳實地記錄下來。在稍後的篇章練習題中，我會陪你面對處理。

[ YouTube ]　[ Podcast ]

COLUMN

# 捨不得的心態

吝嗇的人，捨不得對別人好；勤儉的人，捨不得對自己好。

這兩種捨不得，以世俗中的品格標準來看，可能有高下之分。但是，從在靈性的角度，都是因為內在的匱乏感導致，結果也都差不多，會因為捨不得而失去更多。

朋友回老家探望他的母親，在市區買了母親最愛吃的、也是他認為最精緻珍貴的蜂蜜蛋糕當作禮物。他風塵僕僕回到家，便勸母親趁新鮮趕快吃。母親捨不得吃，想了不下十個理由要先冰起來。

過了兩個星期，他再次回到母親住處。發現冰箱裡的蜂蜜蛋糕，還剩下四分之三沒吃。也因為冰存時間太長，導致蛋糕水分流失，口感真的彷彿如同嚼蠟。

心疼母親的同時，他也看到自己的問題。當初女友去英國留學，千里迢

[ YouTube ]

[ Podcast ]

迢寄送名牌圍巾，他一直捨不得用。後來因為遠距離、以及學歷和其他觀念上的問題，他們理性地協議分手。最後一次視訊交談時，即將變成前女友的她，淡淡地問：「我送你的圍巾，是不是不喜歡？」

剎那間，他覺得這誤會好深，解釋也太遲，只能含著眼淚致謝。

視訊結束之後，他想：這何嘗不也就是他對自己的誤解、也遲遲沒有釐清。多年以來，他刻苦勤儉，一直捨不得對自己好，潛意識裡就是覺得自己不配、不值得更好的人生。

如果連一條名牌的圍巾，都覺得自己無法與之匹配，又如何配得上一段珍貴的愛情？

因為意識上的害怕失去，而在潛意識中轉化為「得不到」，這往往就是成功的最大阻礙。若想改寫這段心靈程式，唯有從珍惜當下開始，創造內在的自我滿足。**捨與得，既是一體兩面，也是一念之間。只要了解世間所有能量不滅的定律，就不會再因為捨不得而執著。**

# 相信自己會過得好

為了求生，自私自利是一種本能。但度過嬰孩脆弱的危險期之後，就不需要再依靠恐懼來刺激自己的發展潛力；而是要學會改變成就動機，以高度的覺察來建立信任，並且付出愛，才不會因為內心的不安全感，而限制自己的發展。

人類是所有哺乳類動物中，要花最多時間才能獨自站起來步行、覓食的。襁褓中的嬰孩，會靠著哭鬧來發出警示，得到餵食與清理排泄物的照顧。如果大人沒有立即回應，並悉心照料，或是環境貧乏，無法提供充裕的滿足，這孩子可能根本無法存活。即使能夠倖存，但，他的不安全感將會與日俱增。

這的確是靈魂鍛鍊最初始的設計，是「小我」，也就是意識層面的我，最深刻的感受。唯有透過感覺自己不安全的動機，才能逼迫「小我」為了求生，而不顧一切努力學習，並向外索取。

幾乎每個人最開始的努力，都是起因於認為自己「會過得不好」。也就是說，基於不安全感、匱乏感的動機，才會練習讓自己變得獨立，有能力生存下去。

問題是，長大成熟之後，多數人明明都已經學會如何求生避險，卻沒有覺察到自己已經脫離困境，依然用那套最原始的求生法則來面對生活，緊緊抓著「我不拚搏，就會死去」的鬥志，非把所有的人都弄得你死我活，絕不善罷甘休。這就是「小我」基於慣性，用來欺騙自己的詭計。

靈魂鍛鍊到了這一關，就是要來看看長大後的你，能不能識破這個詭計，明白自己其實早已經脫困，不再為了害怕自己活不下去而斤斤計較、與人拚搏爭鬥。

如果一個人慾望無窮，得到再多也不滿足，那是因為內心存在一個由匱乏之感所造成的黑洞，他所有的努力都只是為了自私自利，無論得到多少，也依然不會快樂。因為還沒有得到的時候，他會害怕得不到；一旦得到了，又擔心得到的不夠多，或是早晚會再度失去，因而陷入無止境的惡性循環裡。

若要阻斷這個惡性循環，就必須學會跳離過去心理的慣性，客觀地看待長大成人後的自己，進而發現：我們真正賴以維生的「需要」，其實是很容易被自己滿足的；其他無止境的追求，通常只是慾望上的「想要」而已。透過這樣的覺察，不只可以識破「小我」的詭計，也可以從內心深處產生知足與感恩的念頭，既感謝自己的努力、也感謝別人的成全。

**所有的努力，應該是基於「愛」，而非「恐懼」。因為「愛」而付出努力，會讓我們的頻率和宇宙的神性合一；相對地，因為「恐懼」而戰鬥，只會與更多的「不安」共振，吸引更多的匱乏來到眼前。**

而且，那些起始於「恐懼」的努力，通常都會無法施展、欲振乏力。因為你一邊付出、又一邊懷疑；你一邊想獲得、又一邊擔心失去。這樣的矛盾會限縮真正的能力，讓你感到事倍功半。

## 先掃除「不可能」的障礙，想要實現的事就會變成「可能」

所有「限制性信念」的根源，都來自潛意識裡最深沉的恐懼。「如果不怎樣，就不能怎樣」的說法，是最經典的句型。例如：我不扳倒對方，就得不到那個機會。我不略施小技，就過不了這關。我不牢牢抓住他，就得不到幸福。這些都是意識層面的最高級騙術，人們最常用來唬弄自己。

於是，把自己錯認為一個膽小、沒有勇氣、無法承擔、不夠智慧的人。其實，你比你以為的，更膽大、更有勇氣、更能承擔、也更具智慧。只要你願意把自己切換到愛的頻道，重新認識自己，將會發現自己可以做得到，也相信自己能夠過得好。

**正因為發現自己可以做得到，也相信自己能夠過得好，便不再為「恐懼」賣命，只願為了「善美」而盡心。於是，化所有的「不可能」為「可能」，一路不斷地創造奇蹟。每一次的轉念成功，都會讓自己更深信不疑。**

從此，「我可以放下」、「我可以寬恕」、「我可以原諒」，取代了「我怎麼可能放下」、「我怎麼可能寬恕」、「我怎麼可能原諒」。這種相信「每一個心念，都可能實現；每一件事情，都可能成功！」就是一股巨大的力量，可以幫助你安然度過所有難關、化解一切煩惱。

這樣的相信，很快地會從意念變成眼前的真實。包括過去那些你認為自己力有未逮，不可能勝任、或不可能促成別人成功等「限制性信念」，都會被漸漸解除。因為你已經在潛意識裡，為自己掃除「不可能」的障礙，讓所有想達成的目標，都變成可能。

有一次，我應邀到中部演講。途中因為高鐵行車碰到狀況，延遲半個多小時。眼看著演講時間逼近，即使我順利搭上第一部排班等候的計程車，都可能會遲到五至十分鐘。於是我急著快步跑向計程車招呼站，就在等待線之前，卻碰到一個比我更著急的人，插隊搶先一步搭上原本是我應該要搭的那一輛計程車。

當下的我，非常錯愕。若按照以前的脾氣，必定在對方插隊時，出聲制止。但經歷很多人生世故的鍛鍊，我知道此刻著急、生氣、咒罵都沒有用，唯一能幫助自己化險為夷的方式，就是藉由深呼吸，讓自己盡快平靜下來。

然後想想，或許對方有比我更緊急的生死關頭要去面對，才會如此不顧禮貌地拚命吧！或是，再換個角度想：我都已經快要遲到，趕路都來不及了，哪有時間再拿對方的錯誤來懲罰自己啊。

**在緊急而且受挫的時候，讓自己從憤怒與焦慮的情緒中抽離，就順道從限制性的信念中解脫，把不可能的事情，轉變成可能。**

轉念之後，我搭乘下一部計程車。果然，碰到一位經驗豐富的好司機。原來，他在到站排班之前，就已經獲悉高鐵誤點的消息。一聽到我在趕時間，而且還是要去演講，耽誤不得，特別走了一條鮮少人知的捷徑。抵達目的地時，不但沒有遲到，還比演講開場時間提早了五分鐘，我好整以暇地步入會場，從容不迫地上台演講。我衷心感謝他，也感謝自己。

## 實現別人眼中的「不可能」，就是創造屬於你自己的「奇蹟」

之前，高齡老母關節發炎，在不同醫院之間奔波，四處求醫，做了很多檢查與診斷，最後才確認是「退化性關節炎」，與風濕免疫無關。目前，多數西醫在醫治「退化性關節炎」，會給予類固醇或消炎止痛藥緩解。

但因為媽媽幾年前曾經罹癌、中風，加上有三高，腎功能不好，若長期服用類固醇與消炎止痛藥，勢必讓身體快速惡化，骨質疏鬆，血糖飆高。

這件事讓我非常苦惱，除了西醫治療，並搭配復健，也陪媽媽求診於中醫。加上她例常的癌症檢查、與慢性病治療，有時一天要趕四個門診。

有些親友心疼我們這樣奔波，很理智地說：「你媽媽都八十六歲了，就像機器老舊，零件壞掉是很正常的。」也有人安慰說：「要看開一點，不是所有的病，都能被治癒。」還有人勸告說：「不要再這樣辛苦了，『退化性關節炎』是不可逆的。就打針止痛，萬一將來要洗腎，也就面對吧！」但我還是不放棄，認為一定會有奇蹟。

我並非奢望媽媽能夠不藥而癒，完全康復、健步如飛；而是希望可以找到副作用比較少的治療方式，舒緩疾病帶給她的痛苦，例如，比較能以系統化觀念處理的中醫，透過改善循環、放鬆筋骨來減少疼痛；或以持續復健的方式，來降低退化的速度。我一直相信，在醫學這麼發達的時代，必定可以找到因應的方法。

四處求醫，固然辛苦，但幸運的是，大約經歷九個多月，我們終於把狀況控制下來。不但疼痛與發炎都有明顯改善，從此不再需要長期仰賴類固醇和消炎止痛藥，媽媽四肢的靈活度和心情的感受力，都比之前還要好。

**所謂的奇蹟，未必是展現神靈魔法的力量，而是突破世俗眼中的種種「不可能」。當我們可以跳脫習慣的框架，不再被「限制性信念」所綑綁，針對每一個困境，都以「我願意試試看」的心態去破關，就很有可能關關難過關關過，讓每一次化險為夷的事件，都成為自己生命裡的傳說。**

或許，關節炎確實無法被完全治癒，但至少我們克服了「不可能」——不依賴類固醇和消炎藥，找到更和緩的方式與疾病共處，創造別人眼中的奇蹟。

公園裡的銀髮長輩們，都很好奇地問：這是怎麼做到的？

而我沒法對他們言說的秘密武器，其實就只是解除「限制性信念」而已。在他們的感覺裡，媽媽的關節炎好像完全康復了！至少，沒有聽見我媽哀哀說痛、苦苦呻吟。沒持續使用類固醇與消炎藥，血糖的管控和腎臟的

所謂的奇蹟，未必是展現神靈魔法的力量，

而是突破世俗眼中的種種「不可能」。

功能，都維持在尚稱理想的狀態。對一個高齡八十六歲老太太來說，歷經兩度中風與一次罹癌，惡性腫瘤還轉移到多重器官，而今能夠看似無病無痛地坐在公園裡享受陽光，和街坊鄰里談笑風生，此刻是多麼值得慶幸的日常。

儘管，這是我平均每個星期都要陪媽媽看一次中醫與西醫、兩次復健、三次針灸的結果；但是，當我們可以自在地與病痛相處，而不以為苦，就等於是再次突破困境，創造了新的可能。

靈魂
練習題

# 追溯恐懼的源頭，
# 才能正確地激勵自己

## 01

碰到阻礙的時候，先試著條列出造成困境的原因。然後再確認，是來自外在的因素居多、或其實都跟自己有關？

## 02

再問問自己：內心深處最大的恐懼是什麼？因為所有能激勵自己努力、或阻止自己努力的動機，往往都跟恐懼有關；所以你要很清楚：自己究竟在害怕什麼？

## 03

無論狀況如何，先不要下定論，以好奇心去探究各種可能、與不可能，並賦予自己把不可能變成可能的權利！

[ YouTube ] [ Podcast ]

# 修訂童年記憶

「限制性信念」的典型表現，是無論實際表現如何，總覺得自己不夠好，不足以匹配更好的人生。這些根深蒂固的觀念，有時候是童年時期被父母要求或責罵，而烙印在潛意識裡。透過回溯成長經驗，重新校正記憶，就可以改變命運。

許多「限制性信念」是來自童年成長經驗，與父母的教養方式有很大的關係。華人社會的父母，除非事先經過教養方面的培訓，否則幾乎都是隨心所欲。在「望子成龍，望女成鳳」的期待下，管教子女時，不知不覺地置入很多評論，這些都是子女形成「限制性信念」的根源。

父母最常使用的語言就是：「你不能這樣！」、「你不能那樣！」、「你為什麼不能像某某某那樣聽話乖巧？」、「你要是能跟某某某一樣努力就好了！」、「你不好好念書，將來就沒能力賺錢養活自己。」

這些教養語言，就像是導致內在衝突而使得人生發生故障的程式，從孩子尚未懂事的時期，就深深植入他的潛意識裡，剛開始只是幾顆微乎其微的小種子，慢慢變成不可撼動的大樹，之後就成為茂密的森林了。

**當「不能」、「不夠」、「不好」，成為孩子深信不疑的信念。於是，從小到大無論碰到什麼事，在尚未探索、理解、評估之前，都先認為自己不可能做到。在這樣的成長過程，會對自己、對別人、對環境都失去好奇心，不再有探索的動力。**

即使有時候遇見能夠激發熱血的事情，有想要試試看的念頭，也很容易被一點小小的不如預期所打敗，立刻驗證信念裡的「不能」、「不夠」、「不好」，於是就把自己限制住了。

例如：「你不夠高，所以不能打籃球。」乍聽之下，是個合理的建議；但卻是一個太早、或太快，就妄下定論的說法。如果還在兒童或青少年時期，身高發展仍有極大潛力，充足的睡眠、均衡的飲食、正確的鍛鍊，都還有長高的機會，為什麼不試看看呢？

即使長大後的身高不是很出類拔萃，還是可以靠其他體能或技術上的優勢把球打好，並不需要因為身高的顧慮，就直接放棄。

對身高與打球的評論，只是一個例子而已。父母習慣用「批評」的方式代替「鼓勵」，這幾乎是多數人共同的成長經驗，這樣被植入「限制性信念」的情況，是非常普遍的。於是，多數人長大後都不敢相信，自己可以創造生命的奇蹟。

父母對孩子教養的影響，除了針對負面的批評之外，即使明明是孩子的優點，也會因為父母的價值觀或控制慾，而被貶抑成不好的特質。

例如：「打扮那麼漂亮，有什麼用?!」、「把功課弄好最重要，下學期不要再去社團當幹部了！」

這些都是父母在管教上碎嘴的日常，卻在孩子身上種下「限制性信念」的種子，把「愛漂亮」和「玩社團」都貼上負面標籤。

我們先姑且不論這些話的真實性與邏輯性，光是讓孩子感覺自己不被支持，就已經是成長過程中很大的缺憾了。

## 修訂童年記憶，可以刪除「限制性信念」

父母對孩子的高度期許，往往也來自他們對自己的條件不滿意，或是對自己的現況感到不安，所以不希望看到孩子重蹈覆轍。沒想到，這些不滿意和不安，透過教養的過程，世襲傳承了內在的恐懼，不但對自己苛責，對別人也嚴厲。

於是，我們漸漸失去對自己、對人生的美好想像。不再以為披上披風，就能盡情翱翔。不再相信騎上掃帚，就可飛簷走壁。

**我們愈來愈讓自己活在一個充滿限制條件的「現實」裡，也就愈來愈相信自己的困境是銅牆鐵壁。以為沒有足夠的錢，就一定活不下去！或認為自己只是一個上班族，不可能創造豐盈的財富。**

**然而，你以為的「現實」卻不一定是真正的「事實」，那只不過是被你用「限制性信念」，所想像出來的「現實」而已。**

當我們開始意識到自己的遭遇，都是被自己想像出來的，在尋找離開困境的方法時，就可以試著從解除「限制性信念」這個方向下手。請保持敏銳的覺察，一旦內心出現「我做不到！」、「我不夠好！」、「我無法得到愛！」等這些訊號，就要提醒自己：這些論述都不是真的！

回溯成長經驗，修訂童年記憶，是解除「限制性信念」的有效方法之一，而且極具關鍵影響力。

我們可以從回憶並描述自身童年的成長經驗開始，那也許是一個模糊場景的畫面、或是一句印象深刻的話語，試著去體會當時狀況是怎麼發生的，再從不同的角度與立場，給予不同的解讀與分析，就有機會獲得更多的理解與體諒，知道那些傷害你的對象與語言，都有他們力有未逮的苦衷。

小時候，我很喜歡二舅。有一次陪媽媽回娘家，我正和其他親戚的小孩玩得很開心。打鬧之間，其中有個表弟突然大哭。二舅不分青紅皂白地生氣，朝著我的方向大罵：「你們吵夠了沒！」孩童們立刻噤聲不語、鳥獸四散，跑到別處繼續玩耍。

我卻難過地無法再有任何一點玩興，不懂他為什麼要對著我大吼大叫，吵鬧的人又不是我，因此我求媽媽趕快離開外婆家。還從此很怕遇見二舅，覺得他很嚴肅，看到他就想逃開。

有時候，孩子之所以被罵，真的不是自己表現得有多差；而是當時大人正遭逢情緒、經濟或婚姻的壓力，他們有很多情緒無處可發洩。有時候，大人真的也沒做錯什麼；只是當時孩子個性敏感，或碰到比較強烈的手足競爭，在當下沒有得到奧援，就很容易把一時的傷心，轉變成對自己長期的失望。

## 改寫人生劇本，覆蓋掉你不想要的過往

後來，二舅罹患肝癌，英年早逝。

他臨終前，我和媽媽去病房探望。他大概一輩子都不曾覺察他在我心中留下「不被愛」、「不被支持」的陰影。當時，他還安慰媽媽說：「二姊，你生養了這麼一個孝順的兒子，將來會很好命的。」接著，慈藹地交代我要孝順媽媽。我心中那塊冰封已久的誤會，在瞬間溶解，終於釋懷。

**很多無意造成的傷害，其實都來自不懂得如何真正去愛。一旦了解那份無知、體諒那份欠缺，走出傷害的陰影，就變得容易一些。即使傷害依然存在，但至少你已經知道自己正在步向療癒之路。**

你可以用自己覺得理想的方式，重新改寫那段童年的故事。把「不能」、「不夠」、「不愛」的，改為「能的」、「夠的」、「愛的」。

就像用修正液或立可白，蓋掉寫錯的字跡那樣，這樣做並非催眠或粉飾太平，而是重新校正內心的頻率，辨識自己「走精」（臺灣閩南語，意即偏離正軌）之後，該如何調整回去的角度與距離。至少，藉由這個方式，你可以更確定自己真正要的是什麼。

這也可以用來呼應「吸引力法則」。因為修訂記憶，改寫劇本，還有另一個非常珍貴的好處，用你要的畫面取代你不要的畫面，讓自己的內心與真正的渴望共振，它才會在你未來的人生，以美好的樣貌出現。

如果你確實有困難，暫時無法做到以新的劇本、新的畫面，取代舊的故事、舊的印象，那是因為你緊緊抓住了它，你認為已經發生過的事實、已經造成的傷害，都是無法挽回，也無法改變的。所以，我要再提供一個法寶給你：

**那些已經發生過的事實、已經造成的傷害，確實都是無法挽回，也無法改變的。**

**但我們至少可以在那些不幸的事實，與慘痛的遭遇下，找到重新詮釋故事的角度。無論多麼悲劇的事件，裡面一定有勵志的元素，用創意找到它，就會發現新的觀點。**

就像我長大以後知道了：童年時被二舅喝斥，並非是他不喜歡我，只是當時他心情不好而已。用新的角度，詮釋舊的故事，不但讓我放下自己內心的罣礙，也更能同理別人的遭遇。

當我們可以掃除所有障礙，就像拿掉心中實現夢想路上所有「不幸的石頭」，將會開始慢慢習慣沒有「限制性信念」的人生，也能開拓自己的無限可能。

靈魂練習題

## 試著改寫人生的劇本

### 01

回想童年時，印象深刻的成長經驗。是不是有幾件印象深刻的事件、或是至今依然十分鮮明畫面呢？請寫下來、或畫出來。

### 02

跟父母、親友、或手足聊聊，觀察對彼此的觀點或想法是不是有差異？

### 03

無論事實是什麼，以改寫劇本的方式，重新以符合理想的情節發展，寫出另一個版本的故事！

[ YouTube ]　[ Podcast ]

# 回到童年現場，改寫成長故事

[ YouTube ]

[ Podcast ]

試著以不同的觀點、或不同的人稱，重新描述成長故事，是進行療癒諮商時很常用到的方式。它的方法聽起來簡單，但，真正執行的時候卻有其難度。

個案當事人未必能記起，真正對他產生深刻影響的事件。有時候是因為這個事件已經被壓箱在潛意識的最底層，已經不存在於意識的層面；有時候則是因為當事人太痛苦、太煎熬了，所以不願意回顧。

而剩下來那些當事人記得的、也願意回顧的記憶，也未必與當時現場所發生的狀態百分之百吻合。有的當事人說得非常真切，但從他的親友轉述過來的內容，可能是另一個版本。

所幸，進行療癒諮商的時候，並不是在辦刑事案件。事實究竟是什麼，並不是最重要的；比事實更重要的是：當事人的觀點、感受、以及回應。

《療癒密碼2改寫根源記憶》（方智出版）書中提到一個有趣的例子，關於「冰棒記憶」。有位女子，天資聰穎、才華洋溢，但她從小就覺得母親偏心，始終感覺自己不被愛。這個感受形成一個「限制性信念」，影響到她的工作表現。

她的記憶深處有個明確的事件：母親給姊姊一根冰棒，卻沒有給她。即使是一件小事，卻對她影響甚深。也因為這份不好的感受，讓她根深蒂固地相信：「媽媽給姊姊冰棒，卻沒給我，因為媽媽比較疼愛姊姊。媽媽之所以不愛我，表示我有哪裡不好。當別人跟我在一起時，他們一定也會看出來我哪裡不夠好，所以也不會愛我。」

其實這段往事的背後，還有另一個被記憶忽略的前因後果。當時母親有跟她說：「姊姊已經吃完午餐了。等妳吃完午餐，也可以吃冰棒。」但因為那時候她年紀還小，不是很懂事，所以用「媽媽偏心，比較不愛我」來詮釋這個事件。直到這段記憶經過療癒之後，她成功破解不被愛的「限制性信念」，工作表現就突飛猛進了。

透過給自己重新選擇的機會，
以不同的選項，去試試看有哪些新的可能。
除了抱怨老天不公平、對方無情辜負之外，
自己還有哪些觀念或方法，可以做出調整。

# 擺脫受害者心態

每個人的潛意識裡，都有一座「心牢」，讓自己以「被辜負、被忽視」的姿態被囚禁起來。經年累月產生了「既不被愛、也不值得被愛」的信念，因此故步自封。唯有正視自己的委屈從何而來，才能打開枷鎖，重獲自由。

長期從事諮詢與療癒工作，累積大量個案的經驗，我發覺多數人都是被「受害者心態」影響，無法真正面對自己的人生。而且，當事人多半無法感受到自己有這個問題，即使最後發現確實如此，也不覺得有什麼不對、或有什麼不好。

因為，感覺自己心中有委屈、或是遭遇挫折而受傷的時候，憑直覺地去怪罪別人，是最理所當然、也最簡單的事情。只要坐著動動嘴巴怨天尤人就好了，什麼努力也不用付出。

大概也是基於這個邏輯，才會有這麼多的勵志格言不斷提醒大家：「別為失敗找藉口；要為成功想方法！」問題是，對於長期遭遇挫折，並且與成功漸行漸遠的人來說，要擺脫受害者的心態，真的太難了。若要徹底解決這個問題，我們應該先來理解，「受害者心態」究竟是怎麼形成的。

**多數具有「受害者」心態的人格養成，都與童年經驗有關。當一個人從小累積不公平的感受與經驗，不論自己再努力，都感到無能為力，就很容易養成「受害者心態」。**

其中一個原因是：從小生長在物質資源匱乏的環境，遭遇到實際有所欠缺的經驗，而養育者沒有能力改變現狀，也未能善加引導，孩子的個性又很敏感，相對比較之下，覺得自己命運多舛，感嘆上天不公平。

另一個原因是：從小就被情感忽視，甚至因此帶來嚴重的創傷。明明知道自己沒有做錯什麼，卻不被父母所愛。成長過程中，盡其一切努力，學習並擁有獨立的能力，但心裡卻十分依賴，渴望被好好疼愛，卻又一再失望落空。

以上這兩個主要原因一旦在幼時的心底扎根，就會隨著年齡成長而更加茁壯，碰到任何挫折時，究責於千錯萬錯都是別人的錯。即使個性比較善良或懦弱，不直接責怪別人，還是會一再強調自己可憐無辜。

## 習慣性地怨天尤人，其實都是在責怪自己

過去我一直是個典型「受害者心態」的受害者；但很感謝那些經驗與反思，讓我知道歸咎命運、或責怪他人的真正後果，只會讓自己陷入更深的困境。於是可以在往後的人生，持續提醒自己重新做選擇，不被「受害者心

態」的慣性影響，經過一次又一次練習，學會拿回自己人生的主導權。

最主要的借鏡，是來自我的母親。幸好她的「受害者心態」並非以直接攻擊型的方式表現，沒有那麼明顯地把責任推給別人、或當面埋怨對方，而是以退縮的行為應對，碰到任何挫折時，總會覺得自己無辜可憐。我還發現，當她年紀愈大，「受害者心態」不但沒有改善，而且愈來愈嚴重。因為，隨著體能衰退，令她感到無能為力的事情愈來愈多了。

舉一個日常生活中的例子吧。媽媽二度中風之後又罹癌，這幾年來，偶有親友探望，卻沒有事先預約時間，成為帶著好意的不速之客，令我相當困擾。有一次，好不容易在多日連綿陰雨之後陽光嶄露，正準備整裝出門，打算帶媽媽外出到公園曬曬太陽。突然門鈴響起，親友來訪，一直坐到傍晚才走。我們的陽光之約，因此泡湯。送客之後，母子都難掩掃興的情緒。我對媽媽說：「您以後能不能跟親戚說，我們經常不在家，要他們來訪前一天，先約一下時間？」

媽媽回答：「無法度啦！（臺灣閩南語，意即沒辦法）人家好意要來看我，怎麼能夠失禮！」

我抬槓說：「他只是順路經過想到要來看您，把他的方便，轉嫁成為我們的不方便。」

媽媽嘆口氣，又說一次：「唉，無法度啦！客人要這時候來，我有什麼辦法？」言下之意，就是要怪就怪客人，怎麼能怪我。但這並不是誰要怪誰的問題啊，主動溝通清楚就好。我當然知道，她說不出口。於是，我就代她在答謝親友的簡訊中，順便轉達「拜訪前，請先來電預約時間」的請求，以免將來重蹈覆轍。

**所有被「受害者心態」影響的人，遇到挫折時都很容易敏感地究責。表面上好像在推卸責任，習慣性地怨天尤人，其實都是害怕被責備，他心中都是在責怪自己。**

還有一個例子。媽媽有遺傳性糖尿病，必須控制血糖。除了定期服藥、施打胰島素之外，調整飲食與規律運動也很重要。偶爾血糖飆高，我請她少吃油膩、多運動，她也會說：「唉，無法度啦！這都是遺傳，不是我願意的。」

聽起來確實很無辜，但千萬不要以為具備「受害者心態」的人，都是很懦弱、軟爛、賴皮。其實，我的母親是一個非常努力、甚至過度努力，而且堅強獨立到個性有點強悍的女人。但是，她愈是認真努力，就容易在碰到挫折時，感覺無能為力，接著怨嘆自己時運不濟。

母親的「受害者心態」是來自她身處戰亂的童年。歷經第二次世界大戰的浩劫，在她心中留下巨大的陰影。很多時候，她再怎麼努力，都無法抵擋結果不如人意，就很容易以埋怨代替繼續努力，若再得不到支持，最後就「被迫」放棄。

**選擇埋怨，當作療癒。短時間之內，或許有表面上的效果；但以長期來說，不僅沒用，還會像是使用嗎啡，漸漸讓自己麻痺，失去改變的動力。**

再加碼一個實例，也算是很經典。我的同事下班後固定都要去幼兒園，接孩子回家。半年多來，他被開了七張罰單。

他埋怨說：「市政府真會搶錢，幼兒園四周馬路地面都畫紅線，禁止臨時停車，這要家長怎麼接送孩子，真是豈有此理！」

我想，幼兒園四周馬路地面畫紅線，禁止臨時停車，一定有交通安全上的考量。家長接送小孩，必須想辦法避開，才不會被開罰單。例如，把車停遠一點，步行到校接送；或是請幼兒園老師幫忙帶孩子出來，避免車輛在紅線臨時停車。

如果上述這些方法都不是自己想要的，也可以寫信給市議員、或直接向市政府反映，在鄰近的適當地點設立「親子接送區」。

總之，光是抱怨，是無法改變事實的。而且，被開過一張罰單，就應該有所警惕，而不是被連開七張罰單，還在繼續抱怨。

## 給自己練習選擇的機會，逐步拿回人生主導權

或許，在人生的很多時候，我們真的受限於環境的條件，或礙於來自別人的變數，有很多時候感到無能為力、或身不由己。明明努力過了、付出過了、爭取過了，結果卻總是不如人意。碰到這樣的瓶頸，一定要提醒自己，不要陷入無辜可憐的情緒裡。

**碰到不如意的事情，確實無法在一時半刻改變結果，但永遠有機會重新做選擇，至少可以改變看待這個結果的觀點，讓自己從不同的角度切入，找到新的創意去解決這個問題，才不會淪為慣性地埋怨，讓你不樂見的事件，繼續不斷重演。**

就算你是一個悲觀的人，都可以找到「停損點」，問自己一個問題：「我是要繼續難過下去，還是要讓情緒停止陷落？」這個給自己重新做選擇的機會，有很多變化形式的句型，例如：「我要繼續埋怨對方，或是看看自己可以在這段遭遇中學到什麼？」、「我要為自己的無能為力抱不平，或是想辦法增強自己的能力？」

**所謂「拿回人生主導權！」它真的就只是一念之間，但我們必須承認它並不容易做到。幸而我們可以漸進式地達成，透過給自己重新選擇的機會，以不同的選項，去試試看有哪些新的可能。除了抱怨老天不公平、對方無情辜負之外，自己還有哪些觀念或方法，可以做出調整。**

自憐自艾的情緒，或許沒有對錯，但如果因為「受害者心態」，而為自己帶來對全世界的敵意，認為上天不公平、朋友無情義，就很可惜了。因為你很可能會因此而拒絕諸神的慈愛、與別人的友善。就如同「吸引力法則」的原理，「受害者心態」既出之於被傷害的思維，就很容易帶來更多被傷害的結果。所以，必須立刻擺脫「受害者心態」，重建內在的信念，從給自己選擇開始，學會對自己的遭遇負責。從此，所有的自我療癒，才能真正有效地展開。

靈魂練習題

## 為擺脫受害者心態，重新做選擇

### 01

感到悲傷難過的時候，盡量冷靜下來，請理智地條列出自己內心所有的委屈。

### 02

每一項委屈裡，必然都隱藏著你對上天或別人的期待與失望，請試著寫下這些內容。然後逐一問自己：如果他們只能這樣對待我，我可以如何應對這個事實？

### 03

接受這些失落，承認對方無法為你做出彌補。基於疼惜自己的理由，你能不能給自己其他情緒或反應的選項，並做出與過往不同的決定？例如：以「可愛」取代「可憐」；以「無畏」取代「無辜」。

[ YouTube ]　[ Podcast ]

# 用寬恕來釋放自己

不能原諒別人，是造成「限制性信念」的重要原因。當我們有實際受害的經驗，深陷痛苦的黑暗深淵時，很容易被怨恨綑綁囚禁。唯有靠寬恕這一根繩索，幫助自己爬出無底洞，才能重新看見開闊的藍天。

當一個人心中存在「受害者心態」，無論是不是真的有碰到來自外力的傷害，他都會把所有不如己意的挫折，歸咎給他人。

但是，這世界上還是會有一些真正遭遇不幸的人，他的確非常無辜，是名符其實的「受害者」。因為他從來沒有做錯什麼，也不是自己瞎想，誤以為別人故意要對他不好，而是真正無緣無故遭受迫害。他若要把自己受害的原因，歸咎給傷害他的人，那可就非常名正言順了！

例如：有個年輕的男性朋友，幼年時長期無故慘遭酗酒父親痛打。他從小生長在一個不被愛的環境，承受著因為不被愛而受傷害的事實。還有一位獨居的熟女好友，曾經被夜間闖入行竊的竊賊強暴。另一個熟男好友，則因為媽媽是他人婚姻裡的第三者，而父親硬是要一屋二妻，後來媽媽因病過世，他被迫給父親的元配收養。從此被大媽無情虐待，直到十四歲那年，他從原生家庭逃跑，靠四處打零工養活自己。這些人都有絕對的資格和理由，大聲吶喊：「我根本沒做錯什麼！那個人憑什麼這樣對待我！」

真的。他們完全沒有犯下任何錯誤，卻要獨自承擔別人對他的傷害，一生都活在受虐的陰影與壓力之下。

**正基於已經是受害者的事實，很容易讓自己長期都存在「受害者心態」，因此失去相信還有被愛的可能。**

**這份恐懼感，不是化為憤怒，就是冷漠。或是更嚴重的討好，無止境地委曲求全。**

無疑地，這是一種很嚴重的「限制性信念」。甚至，終其一生認為自己不配、也得不到幸福。

但，被哀傷、憤怒，和埋怨填滿的人生，真的就只能這樣了嗎？那些已經發生的往事，早就把自己千刀萬剮地砍殺到傷痕累累、不成人形了，還要這樣繼續折磨自己嗎？為什麼明明知道日子正走向沒有盡頭的絕路，卻找不到轉彎的地方呢？

一定有很多旁人相勸過：「你要放下啊！」、「你要跟往事和解呀！」當事人也不是沒有想過、沒有努力過，但就是做不到啊。

## 和過去的遺憾劃清界線，找回一個可以重新做選擇的自己

為什麼無法原諒呢？為什麼不放過那些曾經深深傷害過我們的人呢？表面上的原因不外乎是：

——他已經把我傷害成這樣了，他必須得到該有的懲罰。

——我都已經被他害得這麼難過了，他憑什麼比我好過？

——他讓我蒙受這麼多損失，放過他豈不是太便宜他了！

——如果我輕易饒恕了他，他可能會繼續去加害別人。

基於這麼多振振有詞的理由，所以不肯放過、無法寬恕。但，殘酷的事實是：受害者的原不原諒，和加害者的好不好過，是毫無關聯的兩回事。因為無論受害者要不要原諒，跟加害者是否得到懲罰無關。加害者如果沒有悔悟，並不會因為被原諒，就減輕自己的罪惡感。也不會因為看著受害者難過，加害者就跟著難過。更不會因為受害者不饒恕他，加害者就不敢繼續使壞。而且，無論受害者是否選擇原諒，加害者都不會損失什麼！

**你的原諒，和他無關。你的原諒，只和自己有關。**

**選擇原諒，並不是為了讓對方被放過，而是要讓自己更好過。唯有寬恕，才能釋放自己。從此，不再把自己囚禁在怨恨懊惱的苦牢中。你終將發現自己還有其他比怨恨更好的選擇。**

**寬恕，可以說是解除「限制性信念」，最終極的做法。它會讓你徹底告別那個受盡委屈的自己，重新贏回一個不再被仇恨擺布、被憤怒控制的自己。**

即使我們已經知道這麼多寬恕的好處，但真正能夠做到原諒對方的人，卻是少之又少。

因為，比起「對自己的人生負全責」，「不斷歸咎他人」還是容易許多。這就是我在過去作品中，不只一次提到的道理：短期來說，「放棄，比努力容易！」；但長期而言，「不努力，就毫無機會改變局面」。

痛苦，是一個迷人的舒適圈。「小我」很喜歡待在那裡，靠著不斷忿恨地怨天尤人，刷出強烈的存在感，卻與愛的距離愈來愈遙遠。

當你深信自己得不到愛，或不配得到愛，這個信念就會為自己創造出更多的不被愛。即使，你的「高我」一直等待連線，想讓你知道你其實是被愛的，卻會因為你一直把這條可以接通愛的天線，深鎖在受傷的抽屜裡，而始終無法接收到訊號。

## 多數受害者，最不能原諒的是自己

最近這幾年來，觀察過無數接受我諮詢的個案，發現一個很值得深思的事實：

**受害者之所以無法寬恕，而長期不斷嚴厲譴責對方，在這股憤怒的情緒之下，都掩藏著一個不肯原諒自己的糾結！即使自己明明沒有錯，卻還是被要求完美的良心不斷地自我歸咎。**

**為了轉移對自己悔恨交加的情緒，所以才會繼續更認真地去怨恨那個加害者。看似急著要懲罰對方，其實是在責備自己。**

以下是個悲傷的個案。怡菁剛搬新家，入厝後準備宴客。她對附近的傳統菜市場不甚熟悉，央請丈夫開車載她去超市買菜。回家後，發現已經付錢的一盒雞蛋，放在包裝台上，忘了取回。

丈夫安慰她別在意，她卻耿耿於懷。為了停止她的碎念，丈夫改騎家裡一部老舊的機車，前往超市取回雞蛋。她在家裡繼續做菜，賓客陸續抵達。她急著打電話催丈夫回來幫忙接待，卻等到一個不幸的消息：丈夫在回程途中，被貨車追撞，當場身亡。

從事件剛發生時哭到肝腸寸斷，到多年以後的眼淚已經流乾，她都沒能夠原諒肇事者。尤其上訴之後，對方仍被輕判，她的恨意，已經不只是針對肇事者而已，還蔓延到司法不公。自己還為此罹患憂鬱症，後來連癌症都來敲門。

身體的疾病，所幸被控制住；但心理的創傷，卻一直沒有被療癒。連續多年的精神科門診與心理諮商，都沒能減輕她對肇事者與司法的恨意。直到她有一天看到我在「吳若權幸福書房」的影音節目，主動前來找我做心靈諮詢，聽到我說：「其實妳一直很內疚，無法原諒妳自己，對不對？」她壓抑多年的淚水，在瞬間決堤。

「我不該宴客！」、「不該去超市！」、「我不該讓他騎車去拿雞蛋！」哭完之後的她，終於意識到：要慢慢學會寬恕自己，才有機會重獲自由。

即使是前面提到的那些身不由己的例子，受害的當事人在怪罪加害者的同時，潛意識裡也都是在咎責於自己。例如：我不該出生在這樣的家庭、我不該屈服暴力、我不該逆來順受……，表面上對加害者的不能寬恕，實際上，都是對自己的無法原諒。

真正能幫助自己脫離困境的思考是：無論是誰錯得比較多？是加害者、或自己？答案都不重要。因為不幸的過往，是已經無法改變的事情。我們能夠努力的是：接受這個事實，原諒當時那個無能為力的自己。

**寬恕，最大的意義，並不是要放過對方，而是把自己從悲傷與痛苦的心牢中，釋放出來。**

加害者所犯的錯，會不會得到懲罰？其實也與受害者無關。各人造業，各人擔！你的不甘心，你的死不瞑目，也都只是你自己的，與他無關。如果能想通這個道理，看透這個事實，你還需要緊緊抓著怨恨不放嗎？無論你氣的是對方、或恨的是自己，都應該重新做一次選擇：你要繼續當一名「受害者」、或是改變自己成為一位「求生者」？

「受害者」只會停留在原地，繼續不斷抱怨；「求生者」會開始想辦法，採取可以改變命運的實際行動。

靈魂
練習題

# 釋放被苦痛禁錮的自己

## 01

勇敢回顧那些受害的經驗。如果暫時還做不到，可以找一位你信賴的親友、或願意傾聽的陌生人、或是專業諮詢師，陪伴你用語言、文字或圖畫呈現，重新經歷一次那些痛苦。

## 02

深深地接納那些痛苦，對受傷的自己說：「不容易啊，你承受過這麼大的痛苦，真是很不簡單呀！」

## 03

如果你還是有繼續責怪自己的習慣或情緒，就試著抱抱那個受盡委屈的自己，對他說：「你真的沒有做錯什麼。如果你認為自己有錯，我願意無條件地原諒你。」

[ YouTube ]　[ Podcast ]

COLUMN

# 我原諒自己

若要完全解除「限制性信念」，就有必要為潛意識做徹底的清理。靜心、冥想、抄經……都是很有效的清理術。而「零極限」（zero limits）這項源自夏威夷的傳統療法，荷歐波諾波諾（Ho'oponopono）也是許多人日常清理潛意識的工具。

它的方法很簡單，只要在內心默念「我愛你」、「對不起」、「請原諒我」、「謝謝你」，就可以清除通往靈性道路中的一切障礙、消融冰封的所有積雪，讓你回到高我意識的神性之中，重獲內心的平靜與自在。

在「零極限」廣為流傳的十幾年之後，原書作者之一喬・維泰利（Joe Vitale），又補充了第五句真言，加上「我原諒自己」！並特別強調這個「我」，指的並不是小我的自己，而是神性。我原諒自己，意思就是：神原諒我。

[ YouTube ]

[ Podcast ]

如果你是一位佛教徒，可以延伸解釋為「觀世音菩薩原諒我」。以上只是我為幫助你理解而做的比喻。這裡的神性，也未必與宗教有關，無論你本身是否有宗教信仰，甚至反對或抗拒宗教，都依然適用，你只要把「神性」想像成是超越「人性」自私自利的慈悲大愛，就能融會貫通。

佛教說的無明，就是沒有智慧。對方無明，所以犯錯；你不原諒，也是無明。佛教的終極修身，就是慈悲。真正的慈悲，是不分對象的，所以也包括犯錯的人、以及不肯放過對方的自己。

原諒或寬恕，其實是一種自我修身，表面上是放過對方，不再計較，但真正的原諒，其實是放下自己的執念。包括：1.對方一定有錯；2.對方必須被懲罰；3.對方要向我道歉；4.對方要彌補我。這些有條件的原諒，都不慈悲，都是自我執念，是不放過自己。

「我原諒自己」的意思是：神性原諒了小我的限制、小我的狹隘思想。也就是以宇宙萬物之上更高等的能量，化解自己的執見與執念！

輯二

# 覺察自己

所有外在的感知，都不是真實的，它們只是你個人觀點的投射，

所以，你要非常小心地做決定，選擇你要創造哪一個現實的版本。

——*羅伯·摩爾（Rob Moore)*

# 和自我保持距離

在身心靈成長的路上，要學著重新尋找自己，也從「心」來認識自己。我們必須冷眼旁觀，才能覺察到有個「小我」，基於恐懼不安而努力求取生存，而委屈自己、討好別人。這個發現，將會是覺醒的開始。

從小，我就覺得自己是個外星人。

其實這跟星座分析或電視節目無關。我的童年裡，根本沒有這些東西。

在那個年代，有關外星人的知識與資訊，並不若現在普及。

那為什麼會覺得自己是外星人呢？我想，是我一直無法融入正常生活之中。即使小時候難免撞見爸媽爭吵、或自己調皮挨打，感覺特別害怕或痛楚的時刻，我彷彿都有一種很特別的體驗：那個正在經歷事件的人，並不是真正的自己。

長大後我才知道，這是靈性學習的一種特質：

**完全不須刻意造作，很自然而然地就讓自己活得很抽離、很冷靜、很孤獨。無論身處的環境，是多麼熱鬧喧嘩、或多麼無聊寂靜，都覺得自己不屬於那裡。比較像是自身背後或頭頂的一對眼睛，靜靜觀看著人們的互動，以及世間的變化。**

對的，可以這麼說，我活得很不入戲。即使，內在的自己是個心思纖細、情感敏銳的人，在真心開懷大笑、悲傷難過暴哭的同時，總會有另一個鏡頭，從遠處、或高處，看著這些情景，提醒著自己：這不是真的！

甚至我極度懷疑，從童年到青少年，上課很不專心，導致學習成績很差，會不會也可能是同樣的原因，我沒有真正投入在感官裡，對所有感官的反應，不但保持距離，還有所質疑。

開心時，我問自己在高興什麼？痛苦時，我問自己有必要這麼難過嗎？通常都是很單純天真的回答：「就很爽快啊，不行嗎？」、「就很傷心啊，不對嗎？」但也會有類似「夠了啦，爽一下就好。」或「它根本就不值得你那麼難過！」這樣的回應。

連夜晚要入睡時，我都會有一種要暫時告別身體，獨自到宇宙另一個空間去「返國述職」的感覺，透過夢境快速飛回靈界，也就是靈魂的源頭，等身體充電完畢，我再回來使用它。

你可以想像這對一個沒有長大成熟的孩子來說，是一件多麼「奇妙」的事情。它之所以沒有成為我的「困擾」，是因為我對它保持高度好奇，我想知道它會發展成什麼？以及，最後會把我帶到哪裡？

為了追尋這個「不在場證明」的秘密源頭，我從很小的時候，就開始研究神秘學，並且廣泛接觸各種宗教與教派，想要多了解一點，為什麼會這樣？而且，同時也發現了一件令我不安的事情——

原來，並不是所有的人都跟我一樣。

每當我想試著與朋友溝通這件事，得到的答覆總是：「你想太多了」、「你太敏感了」、「你怪怪的」。

在這同時，我還是與一般人一樣，經歷求學、考試、戀愛、工作、親情等等考驗。就算再怎麼不入戲，該有的歡喜悲愁，依然排山倒海而來，餘韻裊繞，喋喋不休。

## 每個人在天國靈界中，都有一雙看顧自己的眼睛

後來，即使我的肉身長大了、成熟了、甚至即將衰老了，學會更多的理性與邏輯，但我從來沒有忘記在遠方、或在高端，還有一雙時時刻刻都在看顧著我的眼睛。尤其，在痛苦的最深處，那個「靈肉分離」的感覺又會突然出現，提醒自己：這只是透過肉身經歷，去鍛鍊靈魂晉級的過程。

為了更理解這份奧秘，我靠自修唸完心理學的教科書與參考書，去中國大陸考了心理諮詢師的證照，也更深入佛學的教義，觸類旁通地在靈性療癒的這個領域，終於和那個真正的自己相遇。

我後來才知道這個很重要的道理：

**必須和那個在塵世中，你以為的自己保持距離，你才會發現：他不是真正的自己。真正的「你」，比他高明許多、也強大太多。你要做的，是靜靜地觀察，直到他知道要回頭或仰望，發現自己其實只是一個用來鍛鍊靈魂的軀體。**

閱讀《新靈魂觀》（木馬文化出版）這本書時，讀到「不要做身體裡的靈魂，要做靈魂裡的身體。追尋自己的靈魂，深入地追尋，為自己創造真實的力量，和宇宙的大愛連結在一起！」這段話，我的眼淚無聲下墜如雨，那是一種和自己久別重逢的喜悅。

我猜想一般讀者讀到「不要做身體裡的靈魂，要做靈魂裡的身體。」這個句子，很容易感到困惑，甚至有些混淆。其實，我也是因為過去讀了許多身心靈的著作，加上日常的學習與實作，才能比較容易讀懂它。我之所以想寫下這本探討解除「限制性信念」的作品，有些動機也來自於分享與解答這個疑惑。

在此先用基本的概念來做簡單的說明。在尚未完全開悟之前，等待肉身與靈魂合一的過程中，我們都在生活中遭受不斷的考驗與磨難，無論多痛多苦，每一次都在鍛鍊自己，要記得選擇「謙卑」、「寬恕」與「愛」。當你愈來愈懂得，不再依靠身體頭腦的意識，去做主觀判斷好惡的取捨，而是能夠破除「小我」的阻礙，做出更能夠提升自己靈性的選擇，就與靈魂賦予你來到地球的使命，更接近了一些。

如果你只是做身體裡的靈魂，這個靈魂很可能會被身體侷限住。雖然《新靈魂觀》是一部於一九八九年問世的作品，「不要做身體裡的靈魂」似乎預先揭示對現代人憂鬱或抑鬱的提醒。甚至有人是一個身體裡住了兩個靈魂，彼此矛盾抗爭，還有思覺失調等問題。

## 心中懷抱著愛與信任，就能勇於冒險放手一搏

身體，是為了服侍靈魂而存在。唯有重新意識到自己要做靈魂裡的身體，你才可以真正地信任靈魂，並正確地使用身體，保持高度覺察，去分辨你用意識做的決定，是否符合靈魂來到世間的使命與承諾。

例如，你做一個決定、或投入一件事情的時刻，能感受到愛、專注、喜悅，與深深的平靜，這就會是你的天命。

又如，你一直很難下決定，或做了一個決定之後，卻讓自己陷入更深的慾望（還想得到更多）、或更大的恐懼（害怕會失去更多），這很可能是和靈魂的使命背道而馳。

剛開始，你可能很難清楚判斷，這是「小我」的意見、或是「靈魂」的訊息，但是當你多練習幾次，多問自己幾次、多深呼吸幾次，你將會慢慢有所覺察。

**只要能覺察自己，並且信任靈魂，你就能夠大膽地去嘗試與冒險，全宇宙都會一起幫助你真正地實現自我。雖然你的肉身是一個單獨的個體，但每個人的靈魂在宇宙中都是相連的。你毋須害怕恐懼，就像一旦接上雲端的神聖力量，就請「小我」放手，由「高我」接手，為自己導航。**

雖然世俗中的選擇，常讓我們困擾。每次取捨，都害怕自己做錯決定。這其實是小我的恐懼而已；當你連結到愛，所有的恐懼終將消失。即使你一開始曾經做錯決定，但因為你是基於愛與勇氣，每個決定之後都會創造出更多決定，自動為你連結回到正途。

我常用一個最簡單的判斷方式，問自己：「我做這件事、或做這個決定，是為了自己之私，還是為了別人好？」如果純粹只是為了自己之私，那就適度適量，不要過頭，更不要永無止境地追求。倘若是為了別人好，那就要更確定對方是真正需要，而不是你自己想像中的好。

同時也要確定自己沒有委屈、或犧牲的感覺，也沒有隱藏討好對方的企圖、沒有任何利益條件的交換，這樣才能突破「小我」的防守，符合靈魂的意圖。

靈性學習的路上，常會遇到這樣的說法：「肉身與靈魂的真正合一」，剛聽起來難免會覺得有點玄妙，但其實這就是一個藉由身體的經歷，去重新憶起靈魂使命的過程。往往要經過很多世俗眼中所謂「好經驗」與「壞經驗」，才能獲得智慧。因為每個經驗都是獲取智慧的機會，只要我們勇於面對內心的恐懼，真正強大的自我就會現身出面指引。你將發現：原來真正的你，並不孤單，而且非常有力量！

靈魂練習題

# 與那個「自己」拉出一點距離

## 01

適時抽離自己，以平面遠眺、或立體鳥瞰的角度，觀看此刻的場景。你正在做什麼？以及，你有怎樣的情緒？

## 02

不用急著評論或批判，只需靜靜看著現實生活中那個正在浮現喜怒哀樂、或是麻木不仁的自己？

## 03

對他說：「辛苦你了！」、「你要知道，我好愛你！」

[ YouTube ]　[ Podcast ]

真正的「你」，高明許多、也強大太多。
要做的，是靜靜地觀察，直到他知道要
回頭或仰望，發現自己其實只是一個用
來鍛鍊靈魂的軀體。

# 成為一個觀察者

所有的情緒，都只是一種未經鍛鍊的本能反應，它不是真正的自己。你要做的，只是觀察這些情緒與反應，是怎麼形成的？以及，下次再碰到類似的事件，你的情緒和反應是不是可以有其他的選擇？

我們很習慣從正面觀看自己。因為幾乎所有的鏡面、或攝錄影拍照，大部分都是從這個角度取景，所以我們對自我的認識，既是平面的、也是單一的。那並非全部的自我，也不會是真正的自我。

前幾天，我參加一位新銳畫家的發表會。為了遵守防疫規定，主人與賓客都全程佩戴口罩。

事後，收到當天現場活動側拍的電子相本，我反覆搜尋所有照片很多次，好不容易才找到自己。尤其是被拍到側面與背影的照片，即使所占的面積已經不小，卻還是不容易辨識。

「啊，原來我的側面／背影長這樣喔！」、「啊，原來這個是我！」、「啊，原來我在這裡。」類似這樣的意外與驚奇，是一項深刻的體驗。

畢竟是透過照片或影片觀看，我們可以很自然地成為一個對自己的觀察者，不過也就只能觀察自己的形貌與神情而已。

靈性學習中需要練習的是，在當下的現場，就能提醒自己：

**我只是一個觀察者。**

不僅觀察自己的形貌與神情，還有諸多的情緒與意念。

無論正在發生什麼事情，即使是憤怒或悲傷到極致的狀況，我都只是一個觀察者。

**成為自己的觀察者。這句話的意思是說，我們若要保持覺知，就必須和自己保持適當的距離，不要入戲太深。要時時提醒自己：只是一個看戲的人。**

**要比平常的視線再爬高一些、距離再拉遠一點，也就是讓自己從感官抽離，就不會捲入情緒風暴之中，被一時意識判斷的結果役使。這樣做，才能回過頭來，當下就接納此刻的發生，清醒明白所有的因果關係，做出符合靈性使命愛與寬恕的選擇。**

在日常生活中，我們確實需要依賴感官的反應，對於來自外部環境的刺激，有所辨識與體驗，也會因此而產生諸多的情緒，引發大腦採取應對的言行。這些都是很珍貴的刺激與反應，那表示我們還活著，同時也認真以對，所以無須刻意地壓抑或評論，只需讓「一切如是」，接受此刻的發生。

但是站在靈魂的制高點，我們必須保持足夠的清醒，也就是成為一位觀察者，了解是哪些外在刺激，促使感官有怎樣的反應，然後一次、又一次地重新學習，該採取什麼樣的言行，才是對彼此靈魂鍛鍊都有正面的幫助，而不是任憑大腦衝動去做決定。

因為大腦很容易誤判形勢，自動開啟「小我」模式，為保護自己而不顧他人。

**練習覺察的基本功夫，是能夠在當下就自我提醒：我，是一個觀察者。看看此刻發生了什麼事情？因此有了怎樣的情緒反應？隨之接納一切，不抗拒、不責怪、不批評。你將會發現，所有的情緒很快就會過去。**

**如果你持續生氣、憤怒、或憂鬱，那是因為你緊緊抓住這些情緒不放，或是你內在抗拒它。當你有「不應該」、「不可以」的念頭，它們就會與你糾纏更久。**

因此你不需要評論什麼，你只需要靜靜觀看。認真地活在當下，但要與情緒抽離，才不會被情緒牽著鼻子走。

那個在緊張、焦慮、憂鬱、憤怒的人，並不是真正的你。那些緊張、焦慮、憂鬱、憤怒，都只是你的情緒！

## 只要靜靜觀看情緒，任它如浪潮起落

你的情緒，只是情緒，但它並不是你。而且，通常情緒都只是一時的碎片；它絕對不等於全部的自己。

就算你有時候感覺自己很糟，仍不代表你「真的很糟」；頂多，你只是「感覺很糟」而已！當你認為自己很沒用，那只是你的認為，並不等同於你真的很沒用。同理可證，當你覺得自己很醜時，那種醜就是叫做「我覺得醜」，跟「我真的很醜」是完全不同的兩回事。

**所有的評論，都只是某一個角度、某一個時刻、或某一個層面感官的反應，你不是那個反應的結果。**

**所以，你必須時時刻刻提醒自己：我是一個觀察者，而不是感官反應的結果。這會讓你保有高度的覺察，不會被情緒操控，而忘了真正的自己。**

真正的自己，是情緒的主人，而不是情緒的奴隸。

基於疼惜自己的理由，初期你可以不必壓抑情緒，任它來去自如，像浪潮般起落。等到你經驗豐富之後，就可以洞察先機，在情緒爆發前開始疏導，逐步洩洪，或懂得使用更強大的力量，在第一時間就承接起情緒，它就不會引起任何作用、也就不會造成任何傷害。

正因為如此，所以我才會一直多次強調，你就是靜靜地觀看，不需要評論什麼，也不可以評論。這樣的觀察，才會維持真正的客觀覺察，不會變成主觀的判斷。既不產生執見，也就沒有執念。

這幾年來，受到阿德勒個體心理學捲土重來，再度蔚為風尚的影響。許多心理諮商專家都先後摘要其中自我保護的概念，以「課題分離」、「人我界線」等原則，提醒讀者不要介入他人的情緒反應，也不要被別人的情緒影響。這固然是很好的指引，可以保護自己不被別人的情緒波及，但是以靈性學習的角度來看，這依然只是「小我」的把戲。

**「小我」所有保護自己的動機，都是來自恐懼。因為害怕自己的權益受損，擔心自己被別人占便宜，所以設定防線，阻擋衝擊。**

**或許應用在人際關係上，這會是暫保平安的權宜之計；但是，若想要長治久安，你必須培養自己愛的能力。如果你所有的作為，都能出自於愛，就不必處處設防，而且還能驅散恐懼。**

其實你最需要做的，就是在「自己」和「情緒」之間劃出界線。看清楚，情緒只是情緒，情緒不是你。真正的你，是立場超然的觀察者，你終究會發現其實自己就是光、就是愛，而不是任何情緒。

靈魂
練習題

# 理解突發的情緒，
# 做出適當的選擇

## 01

每天回顧當天發生的事情，無論是很愉快的、或令人難過的，都將當時的感受與情緒記錄下來。

## 02

問問自己：為什麼會有這樣的情緒反應？又因此而產生什麼樣的言行？

## 03

如果其中讓你有感到不滿意或後悔的言行，請不要自責，只需記錄下來。然後問問自己，還有其他選擇嗎？把所有可能會有的選擇都條列出來，下次不妨試試看是否可以做出更慈悲、更有愛的選擇。

[ YouTube ]　[ Podcast ]

COLUMN

# 用鏡子穿透表面的迷障

最近韓國掀起一種靈修的風潮，叫做「鏡子靜心」。提倡這個理論的人是金相云（김상운），他本來是一位資深記者。因為連接幾次歷經親人過世的遭遇，整個人掉進悲傷痛苦的黑洞裡。為了自我療癒心靈的創傷，他大量接觸國外身心靈大師的作品，自己逐步發展出「鏡子靜心」的實作方式，並出版成書，非常暢銷。

它的實際操作方法，是利用凝視鏡中自己與後方的景物，將自己的心從身體中解放出來。有的人會在鏡中看到不一樣的自己，像是臉孔扭曲，或是身體消失在光芒之中。就像所有靈性學習教材所指導的觀念一樣，「鏡子靜心」也主張：我們活在「身體就是我」的錯覺中，而這個錯覺會衍生出很多的恐懼。尤其當一個人把「我無法被愛」的想法，壓抑在潛意識當中，就會隨之產生很多負面情緒。

[ YouTube ]

[ Podcast ]

我們必須把心從身體解放出來，因禁在體內的所有負面情緒，才會隨之清除。而那些因為情緒而產生的痛苦，也會跟著消失。之前被自己所創造出來的負面現實，就會立即改變，我們將輕易擺脫所有痛苦，自然而然便能獲得身心的療癒。

其實，透過凝視鏡子達到靜心的效果，並非最新發明。印度靈修大師奧修，很早就提過「鏡子冥想」（mirror meditation）的觀點。奧修的「鏡子冥想」做法是：在黑暗的房間裡，擺一面大鏡子，旁邊放一盞小燭火，燭火不要入鏡。開始專注看著鏡中自己的眼睛，盡其可能地不要眨眼；持續四十分鐘，專注地練習凝視。不久或幾天之後，你可能會看到鏡中自己的臉，出現新的形狀或樣貌，甚至陌生得令你感到害怕。

這些臉部的扭曲、或四周環境的變化，都是從你的潛意識裡出來的。當練習的時間久了、次數多了，你將發現：鏡中所看到的形貌，都是會改變的、會流動的、如人生般無常的。最後你洞徹：鏡子根本是空的。這時候，你已經清空所有意識，回到無意識的本然面目，那個才是最真實的自己。

# 知道自己要做選擇

在尚未與高我連結之前，大部分的言行都只是應對恐懼與匱乏的反應。一切的「本能」都是小我的「無能」、所有的「直覺」都是小我的「錯覺」。你必須要有所覺察，在每個當下給自己做選擇的機會。

通常，一覺醒來，我們會很自然地直接進入「自動駕駛模式」。無論碰到什麼事件、會有怎樣的感受，都是憑著「本能」或「直覺」，去做「最自然」、也「最直接」的反應。

可惜，我們的大腦並沒有內建「自動駕駛模式」的晶片。那些所謂「本能」或「直覺」的反應，其實都是依照成長過程中累積的習性，快速到彷彿可以不假思索，便瞬間做出決定。那只是依賴「小我」的直接反應，並不是接通「高我」的直覺回應。

例如，被別人拒絕，便覺得被否定，而感到羞憤；聽見對方說出蠻橫不講理的話語，對他便有了不好的評價，進而產生防衛的心態；碰到充滿誘惑的事情，就忍不住好奇，而想要姑且一試。這些都只是「小我」的伎倆，是「小我」的「本能」、或「小我」的「直覺」，它不是真正的你，至少不是全部的你。

**靈性，真正的「本能」，是愛！真正的「直覺」，是敞開！那些感覺到自己會被傷害而產生的恐懼、會被攻擊而採取的防衛，都不是真的。它只是基於一時之間想保護自己的意念，所投射出來的行為而已。**

所以，我們要學習洞徹這個事實，無論發生任何事件，都不要讓自己迅速進入「自動駕駛模式」，而是保持高度的覺察，在不假思索地做出「反應」

之前，問問自己有沒有其他「回應」的可能？

如果你想要掙脫「小我」的擺布，聽取「高我」的意見，那你所有的決定都將符合靈性的法則：真正的「本能」，就是愛；真正的「直覺」，就是敞開。

剛開始時或許會很困難，畢竟之前的你，從未如此想過。但現在你已經決定要進入靈性的層次，不再完全依賴意識做決定、也不再被潛意識影響，所以你要學著練習，屏息於千分之一秒，問自己：「除了生氣，我還有其他選項嗎？」、「除了痛罵回去，我還能做其他選擇嗎？」、「除了讓自己繼續難過，我還能有什麼作為？」

即使是碰到很好的事情、你很喜歡的對象，都一樣要做這樣的練習，問問自己：「除了貪戀與占有，我還能有不一樣的選擇嗎？」

你最終的選擇，當然很重要！因為你的每一個決定，都在審視自己是否通過這一類型的挑戰；形塑你往後的人生，還要經歷哪一些挑戰；甚至影響你下一輩子重返人間時，要學習什麼樣的課題？不過，在此之前更重要的是，知道自己是有各種選項的，而且正在做出很重要的決定。

**所謂的「覺察」是指：無時無刻、無所不在，都知道自己正在經歷選擇，並以符合愛與慈悲的原則，所做出的決定。**

如果沒有覺察的能力，所有的情緒與言行，都是未經思考的反應。雖不能說它百分之百都是盲目的；但可以說它大部分都是依據過去經驗的執念，所做出來的判斷而已。

## 從呼吸開始練習，每一刻都更接近自己

以目前最新發展的「自動駕駛車輛」（簡稱：「自駕車」）來說吧，其實它安裝了許多精密的感測器，能夠自動感應並測試周圍環境，不需要人為操控，就可以依靠導航而自動行駛。

這種無人的自動駕駛車輛，起初發明的動機，本來是為了避免「人為操作失誤」而引發交通事故。其感測器就像眼睛，能夠感知周圍的路面環境；內建的運算系統，猶如大腦的決策機制，在精密計算後，可以選擇正確的駕駛路線；再經過控制系統，彷彿手腳操控煞車、油門等功能。

儘管它看起來的確非常神奇！但這一切的設計，都是基於過去人類駕駛的經驗而來，而且需要依靠很多高科技的設備，才能夠保障執行的安全。問題是，「自駕車」自上路以來，還是有很多離奇的車禍發生。

如果你在路上看過一些小擦撞的車禍，就不難發現其中有很大的原因是，兩部車有時間上的巧合。如果其中一輛車的速度慢一點、或轉方向盤的角度大一些，或許就不會碰撞在一起。

「自駕車」的精密計算與反應，都是為了避免車禍發生，以保護駕駛人與乘客的安全；但上路之後，依然因為百密一疏、或來自其他用路人、駕駛人的變數，導致車禍發生。

未經覺察的人生，就像一個人每天開同一部車上路，全程使用自動駕駛模式，這只是依據過往所累積的經驗運作，他以為這樣做很輕鬆、也很安全，卻失去每一次可以鍛鍊覺知的機會。一旦在日常生活中遭遇到無常，就會突然不知所措。

**真實人生裡的無常變化，都是因緣流轉的聚散合離。一個心念的動搖，就會牽引另一個事件的改變。所有的人生道路，都不是固定的，而是每個瞬間都在流動著，你不能依賴世俗中任何一個品牌的GPS導航，你只能靠自己的心念調校定位，隨時回到愛與慈悲的原點，否則就會一再誤入歧途，迷失方向。**

覺察，就是每一個當下的你都知道自己正在面對不同的選項，可能是：「接納」或「抗拒」？「愛」或「恐懼」？「敞開」或「閉鎖」？你未必每一次都能立即做出正確的決定，但是當你選擇對的選項次數愈多，你就會感覺到和宇宙的頻率共振，也會對自己愈來愈有信心。

或許你會心懷疑惑地問：「幹嘛那麼累啊！不做選擇不行嗎？」其實，

不瞞你說，大部分的人都沒有覺察，也沒有在做選擇，過度依賴「自動駕駛模式」，所以才會不斷輪迴痛苦的深淵之中。但是，如果你開始練習覺察，並做出對的選擇，往後的煩惱和痛苦，將減少很多。

覺察，可以說是修行的第一步。大部分的靈性功課，都會從呼吸開始練習。因為呼吸是維生最關鍵的細節，卻也是我們最不容易覺察的動作。在一吸一呼之間，明瞭自己一分一秒的心念。做出選擇，然後放下。

## 停止自動駕駛模式，革除積習才能創新

在尚未建立這樣的觀念、或練習次數不夠多之前，我們的人生只有兩種處境：一種是渾渾噩噩，不斷複製錯誤而不自知；另一種是言行衝動，不斷為已經造成的錯誤，感到後悔，頻頻道歉、或尋求彌補。

前者，必須要等到累積足夠的錯誤，遭受難以承擔的痛苦，才會覺察到

自己需要改變。就像是暴飲暴食到中風住院了，才知道要開始節制飲食。更有甚者，我也看過有些長輩，中風兩次依然不忌口。臨終前的處境，自己很難受，負責照顧他的家人也十分痛苦。這種表現在飲食的執念，是會帶到下輩子繼續受苦的。

後者，就要看自己能否勤於反省檢討，以不斷練習覺察來改進自己。

其實我的個性非常直率，也不夠有耐性。在正式進入靈性的學習與修練之前，常容易為了不如己意的事情暴跳如雷，甚至以嚴厲的言辭據理力爭。但就像那句老話說的：「即使一時贏了面子，到最後也會輸了裡子。」在爭辯時占了上風，卻破壞了彼此的關係。

有過很多慘痛的教訓之後，我學會在脾氣上來，有破壞力的話語，快要脫口而出時，給自己一個選擇：我要的回應方式，是在支持對方、維護我們的關係；或是，逞一時之快，讓對方覺得我很高明、卻破壞彼此和諧？

每當浮現這兩個選項，要求自己做決定的時候，我就會知道應該要改變自己的表達態度，與說話方式。先同理對方的感受，再換個不傷害彼此關係的方式陳述意見。後來，大家都說我修養變好了，我也覺得自己處理事情時更有智慧。很明顯地，在激動的時候，我不再被情緒役使，以過去的習慣直接做反應，而能夠知道自己正在做選擇，以愛與慈悲的方式回應。

靈魂
練習題

# 為跳脫「自動駕駛」模式，而做出選擇

## 01

試著釐清「反應」與「回應」的區別。「反應」是指：不假思索的反射；「回應」是指：通過愛與慈悲的思考後的選擇。

## 02

統計最近這三天以來，你做出「反應」或「回應」的次數。找一、兩件令自己後悔的「反應」，重新思考該怎麼「回應」，才符合愛與慈悲的靈性法則。

## 03

給自己三個星期，也就是二十一天的時間，多練習幾次後，看看是不是可以培養出新的模式，以覺察後的「回應」，代替衝動式的「反應」。

[ YouTube ]　　[ Podcast ]

# 對自己負責，但不必咎責

遇到不友善的對待時，學著放下是非對錯的批判，同理對方的動機，回來看護自己，療癒所遭受到的傷害。別急著批評對方或責怪自己，這樣不但無濟於事，浪費心力，還會受困在原地，錯失前進的機會。

人生真正的自主權，是從覺察開始的。不再用「小我」的「本能」，當作求生的「技能」；終於能夠分辨「小我」的「直覺」，其實是一種「錯覺」。開始練習做選擇，並且對自己的選擇負起全部的責任！

當你即將被對方的語言激怒，你不會再用激辯的方式回罵對方，也不會為討好而一味地隱忍。

因為你會知道，對方說出這些不友善的批評，都只是他的觀點、他的體驗，跟他自己有關，而與你完全無關。你若隨之起舞，就落入自己「小我」的慣性，也順從了對方「小我」的動機。

此刻你要做的，只是靜靜地看著對方，迅速地覺察自己。回到內心想想、也問問自己：他為什麼會這麼對待你？他這樣的論述是從何而來？你要同理的，不是對方批評你的內容，而是他對你提出指教的動機。他一定是有所憤怒、有所恐懼，才會用這種方式對待你。

**碰到蠻不講理的人，你只需同理他的情緒，不必同意他的內容。他的邏輯、他的修為、他的業力，都跟你無關；與你有關的是：你的情緒，以及你的回應。**

若被對方的不友善所刺激，你就開始生氣，你就感到受傷，你就要攻擊對方，你就選擇保護自己……然而你真正需要關心、需要處理的，並不是對方的言行，而是你的這些反應。因為，這才是你的課題。

**面對批評、背棄、反叛，你確實需要自省，但不需要自責。你需要負責，但不需要咎責。**

對方用不友善的態度或語言來刺激你，那是他的選擇；而你可以有的選擇是：你要用什麼方式回應、用什麼態度處理。

你要質疑他、回罵他、迴避他、附和他，或是同理他？這是你自己可以做的決定。

適度的自省，讓自己可以更清楚在這個事件中，有哪些地方可以調整或改善，以便下次可以做得更好。但若是自責，就只會無情地跟著對方的批評來貶抑自己。

這時候，因為欠缺自信而喪失理性的你，不是讓自己委曲求全，對他的情緒照單全收，就是為了保護自己不再繼續受傷，而開始全面反擊。這兩種反應，都會造成彼此關係的惡化。真正對自己負責的態度是：並非先客觀檢討，他說的是真的嗎？我同意他說的內容嗎？而是比這個更優先該做的：同理對方的情緒，他為什麼要這樣對待我？他是不是有受傷的情緒？他是不是期望我先支持他的難過？

然後，在「同理對方」或「自我防衛」之間，做出選擇。

**面對紛爭，最好的方式是：以同理對方的觀點，來顧全自己的感受。而不是一味地否定對方，來保護自己的尊嚴。當你充滿慈愛與自信的時候，才會有智慧馴服眼前的野獸。**

若是欠缺同理對方情緒的過程，又沒有適度自省的機制，就很容易不分青紅皂白地自責，把所有的錯誤都歸咎於自己。於是，不夠客觀地「究責」到最後，就變成完全貶抑自己的「咎責」。

這非但不是真正有勇氣的承擔，還很容易因為壓力太大，或心不甘、情不願，而淪為自暴自棄——好吧，我承認統統都是我的錯，這樣總可以了吧！

當然不可以啊。只有「小我」才會那麼在乎有沒有是非，那麼介意誰對誰錯？「高我」重視的則是愛與原諒。

**遭遇到不友善的、不被愛的對待時，可以訓練自己先同理對方的情緒。他一定是處於某種憤怒或恐懼之中，才會這樣對待你。表面上，他在責備你；實際上，他在呼救、他在求助，他希望你重視他、理解他。**

此刻你的覺察，給你選擇的機會：你要同理他、或對抗他？請你做出選擇，並對你的選擇負責。

## 選擇放下，是給自己最珍貴的禮物

無論是親情、感情、友誼，或是還處於陌生階段的人際關係，這份察覺所帶給自己的選擇，是靈性修練過程中最好的禮物之一。

正因為人生並不公平，所以我們要對自己公平。正因為碰到這些不是我們所能控制的倒楣事，所以更要學會控制接下來的發展，讓倒楣的事件或感覺，不再失控地延續下去。

**對方的情緒與修為，都完全跟我無關；但如何回應對方的情緒與修為，就跟自己百分之一百有關了。**

我不去批評他的錯誤，也不必為他的錯誤所帶來的結果，替他找理由開脫，那是他的因果業力，與自己無關。但，如果他犯下的錯誤，已經造成對我的傷害，那麼，我就要義不容辭地去回應，做出選擇：我要怨恨他、報復他；或是放下他、療癒自己？前者，只會繼續擴大傷害的影響；後者，雖然依然悲傷痛苦，卻是事情發生之後，最佳的停損點。

這麼多年來，做人做事一向盡心盡力的我，被公認為「追求完美」，有嚴重「過度努力」的傾向，我完全承認、也接納這些特質，並且逐漸改善。所以你可想而知，我曾經碰到過多少讓我覺得難堪的挫折、感到意外的背離。我確實也怨過、咒過、報復過，幸而我在山窮水盡之際，傾聽高我，接收到重要的訊息，讓我在柳暗花明之後，豁然開朗。那一則訊息是：

**一切的發生，都跟自己有關；一切的改變，都是自己的責任。自我負責，並非代替對方去承擔他的錯誤。而是回來看顧被對方錯誤所傷害的自己，在療癒之後，依然能夠繼續保有善良與真誠。**

如果他真的有錯，他的良心會譴責他，社會的道德與法律會制裁他。至於他要沉淪或悔改，都與我無關；我未必能在第一時間原諒他這個人，但我一定要學會放過我自己。

靈魂
練習題

# 同理對方的情緒，
# 也顧全自己的感受

## 01

搜尋一件令你印象深刻的社會案件。車禍、詐騙、口角等皆可，但請在你情緒能夠承受的範圍之內做選擇，若膽小就不要選擇太嚴重的兇殺案。

## 02

試著釐清犯案者的成長背景與動機，並條列苦主的遭遇與感受。

## 03

如果你是苦主的好友，你會怎麼安慰他，幫助他走出傷痛？

[ YouTube ]　[ Podcast ]

# 隨時看好自己

這世界總有很多人評論你，對你貼上各式各樣的標籤，所以你不需要再對自己落井下石了。你需要的是以更大的慈悲，疼惜自己。除了看顧自己的內心，免於匱乏與恐懼，還要給自己更多的支持與鼓勵。

這一生，你能給自己最好的禮物，就是隨時「看好」自己。在這裡，我用的是雙關語。所以這份禮物是具有雙重功效的。

這裡所說的「看好」自己，有兩個意義：其中一個意義是，守護自己。也就是，監督你的「小我」，不要寵壞他，不要讓他無限上綱用各種保護自己的理由，貪婪豪取，自私自利。適時引導你的「小我」，做出對的選擇。另一個意義是，賞識自己、信任自己、支持自己，因為內心充滿愛與慈悲，能夠和高我連結，不會貶抑自己、批評自己、侷限自己。不論面對多難的困境，遭遇多大的挫折，都能正向鼓勵自己，度過難關，開創新機。

**當你能夠隨時「看好」自己，就表示始終與「高我」保持連線的狀態。既能守護自己，也能疼惜自己。**

有很多學員，包括參加過實體營隊、或線上課程，練習過覺察，嘗試做選擇，得到過幾次美好的經驗後，正開始感覺自己的靈性鍛鍊逐步升級中，若再次遭遇困境與挫折，卻無法重複做到覺察與選擇，因此和別人發生情緒的衝突、或自己難以自抑地大暴走，都會很氣餒的回來問我：「若權老師，我以為我已經通過考驗，而且百毒不侵了，為什麼還是會讓自己失控呢？」

其實你我都是擁有肉身之軀的平凡人，即使修行的境界再高，也會有情

當你能夠隨時「看好」自己，就表示始終與「高我」保持連線的狀態。既能守護自己，也能疼惜自己。

緒，這些都是正常現象。「小我」隨時都處於蠢蠢欲動的狀態之中，只要受到外界的環境刺激，就會啟動他的備戰機制。

我們要努力的，就是持續地覺察，同時做出正確的選擇。在「本能」的「反應」出擊之前，選擇以符合靈性法則的愛與慈悲，當作最好的「回應」。就這樣一次又一次地提醒、一遍又一遍地鍛鍊，直到我們以「回應」代替「反應」的速度愈來愈快，而不小心出現「反應」的次數愈來愈少，負面的衝擊愈來愈小，依然要繼續保持覺察，知道自己要做選擇，不要被「小我」牽著鼻子走。

有一個個案，是憂鬱症的患者，經過半年多的心靈諮詢，情況愈來愈好。到精神科回診多次之後，藥量調整到非常輕微，連睡眠狀況也有很大改善。但偶爾情緒受到外界刺激，尤其是老公展開語言暴力時，她的情緒便瞬間跌宕谷底。

每當這個時候，她就會發訊息給我說：「怎麼辦？我很容易被影響。」

我回覆訊息鼓勵她：「你已經能覺察自己情緒受到影響，這是很好的現象啊！」並接著提醒她：「你可以繼續練習做選擇：要繼續被丈夫影響、或選擇跳脫出來？」

這樣的練習，來回幾次之後，她已經很熟練了，不需要發訊息給我，就能隨時「看好」自己，守護情緒不被波及。經過精神科醫師評估，她的憂鬱症用藥，已經減少到只需輕微的鎮定劑而已。

## 暫時不做自己，才能開始真正愛自己

在尚未與「高我」產生連結之前，我們以為的「自己」，都是「小我」而已。他不是真正的自己。至少，不是完整的自己。頂多，只是內在某些還沒有被克服的恐懼。

如果還處於這個階段，寧可不要太主張做自己！因為，這時候的自己，做任何事情的動機，都只是基於恐懼，而過度保護一個不需要保護的自己，表現出來的行為，就是自私自利。只顧著做自己，而不為別人著想。

最近這幾年，由心理學專家倡議的「人我界線」真正涵義，是彼此尊重，不要過度介入對方的課題；但常被誤解成「為了保護自己，而畫地自限」。在靈性的學習中，每個人只是被肉身分隔，靈魂是彼此共振，而且連結的。那些為了保護自己而爭權奪利的主張，都是「小我」基於恐懼的權宜之計，並不是真正明智的作為。

我沒有要你批評「小我」，而是要你先學會接納他，並且感謝他的盡忠職守，努力地為你防衛。

如果此刻你的「小我」是恐懼，那就接納這份恐懼。問問自己：到底在擔心害怕些什麼？

當你懂得接納與感謝，「小我」就會放下他的武裝，支持你敞開心門，讓宇宙的靈性之流，可以滋潤豐富你的內在，讓你更有智慧，也更加慈悲。接著，要開始練習「看好」自己的第二層意義：賞識自己！相信自己的覺察能力，認為自己可以做出對的選擇。

**每一次以正向思維出發的選擇，都會為自己創造出更多的選擇！即使我們沒有辦法在第一時間，獲得自己最滿意的成果，卻不用為此擔心憂慮，因為你的愛與慈悲，會連接到「高我」，他會為你鋪陳出更多路徑，每個連結都會豐盈你的人生，而不被侷限。**

所以不要害怕做錯決定、不要擔心得不到支持，你永遠要相信自己可以擁有更好的人生，既能夠付出愛，也絕對值得被愛。

**「小我」並非真正的自己；因為真正的自己，是隨時隨地都能與「高我」連結。唯有跳脫自己害怕匱乏的恐懼，多多去關照別人的需要，我們才能超越「小我」，連結「高我」。**

於是，你會發現自己已經被愛充滿。這時候的你，也無須再多麼積極主張要做自己。因為，你已經與「高我」保持連線。從此，你不再聽命於「小我」，一切都交由「高我」作主，你會發現自己心中存在大愛，每個心念都是為眾生付出，為別人服務。

不要害怕做錯決定、不要擔心得不到支持，
你永遠要相信自己可以擁有更好的人生，
既能夠付出愛，也絕對值得被愛。

這個境界，並不莫測高深，也不會難以企及。正如同這個世界，除了偉人，還有很多默默行善的人。當你有意識地覺察，每次都選擇愛，不再被恐懼所逼迫，就脫離了「小我」的使役，讓「高我」來主導所有的任務。你做的每件事，都將符合靈性的原則，成就了真正的自己。

靈魂練習題

# 打造一座專屬自己的心靈花園

## 01

每一個心念，都是一朵花！請你以想像的方式，為自己打造一座心靈的花園。或是你也可以用繪畫的方式，讓這座花園具象化。

## 02

選擇在這座花園裡，栽種兩種植物。一株植物，叫做「守護自己」，當每次有意識地做出對的選擇時，就在盆栽中置入一朵花。另一株植物，叫做「賞識自己」，當你有意識地支持自己時，就在盆栽中置入一朵花。

## 03

一個月之後，再來統計看看你的兩個盆栽，是否已經百花齊放？

[ YouTube ]　[ Podcast ]

COLUMN

# 無條件地愛自己

我所從事的心靈諮詢服務中，大約有八成以上的個案，人生之所以卡關都是因為沒有意識到自己存在著「限制性信念」，而解開這個重重枷鎖的第一把金鑰就是：「無條件地愛自己」。

為什麼大家都被困在這裡呢？說起來，與家庭教養有很深刻的糾結。大部分的父母都希望孩子乖巧聽話，一路成長都要符合他們的期望。在親子相處的時候，也有意無意地把這些想法灌注在子女腦海中，諸如：「你要乖喔！」、「你要好好聽話！」、「你要認真讀書！」，而孩子就把「要乖」、「要好好聽話」、「要認真讀書」當作愛的條件。

即使沒有明說，甚至還偽裝成「沒有啦，我們是很開明的父母，都讓孩子自由發展。」但每個孩子的心靈都是敏銳的，能夠知道自己是否達到父母期待的標準。

[ YouTube ]

[ Podcast ]

為了不讓父母失望，並得到寵愛，有些孩子因此窮極一生過度努力。以血肉之軀跟世界拚命，也和自己過不去。在追求完美的過程，發現了更多自己的不完美，於是無法好好愛自己。因為從小到大，他都誤以為：愛，是有條件的！必須要達到父母期待的標準，才能被愛。

再看看那些很早就發現自己力有未逮的子女，認為自己再怎麼努力，也無法達標，就以叛逆的行為去試探、去印證父母是否還會愛、還有愛，過程中彼此都受傷。

然而，事實並非如此。**那些話，都只是父母世代傳承下來的口頭禪，就算你曾經不乖、不好好聽話、不認真讀書……就算讓父母失望透頂，親子之間還是有一份血濃於水的愛啊。**

看清這個真相之後，無論你所擁有的是符合一般常規版的父母，或是少數的例外（會家暴、會遺棄的），都請你回頭好好愛自己，學習無條件地愛自己。不要用世俗的標準來評論或貶抑自己，即便覺得自己不夠好，也要能夠完全地自我接納、自我疼惜。

輯三

# 顯化自己

你要加倍用心，想像某個你期待的情景，發出類似的振動頻率，等待吸引力法則找到相符的振動，在真實生活中將它彰顯出來。

——*伊絲特·希克斯 & 傑瑞·希克斯（Esther and Jerry Hicks）*

# 吸引力法則的關鍵是共振

你所想要的結果，並不是被吸引過來的。而是你的心念，和宇宙共振的結果。當下的心念，已經創造此刻的實相。所以你一定要學會調校內在的頻率，讓它符合「高我」的頻率，才能獲得豐盈的滿足。

很多人對「吸引力法則」深信不疑，但也有些人認為它是唬人的把戲。無論相信或懷疑，懂得正確運用「吸引力法則」而讓自己美夢成真的人，卻寥寥可數。那是因為絕大多數的人，都誤用了「吸引力法則」。

因為單從表面上的文字意義來解讀「吸引力法則」，很容易把重點放在

「吸引」二字上，以為只要有足夠的力氣，就能把想要的人或東西，吸引過來。這是很大的誤會。

**「吸引力法則」只是宇宙原理的一種說法，其中的「吸引」，並不是讓美夢成真的原因，而是宇宙原理運作之後的結果！它的最大關鍵是：「同頻共振」。必須先有「同頻共振」的過程，才能創造「同質相吸」的結果。**

你可以在網路上找到許多共鳴諧振的影片，例如有一支影片記錄六十四個節拍器，在被逐一啟動之後，產生共鳴諧振的現象，然而只花了短短三分鐘的時間，所有的節拍器就一起同步擺動。它們剛開始的狀態，確實是各自擺動的，接著兩個節拍器開始同步搖擺，其他的節拍器也在同一時間，緩慢而明確地改變自己的震動頻率，三個、四個、五個……三分鐘之後，六十四個節拍器自動調校成為共同的頻率。

在靈性學習的課程中，這個實驗常被用來解釋生命萬物的「共時性」。

用一般的生活案例來解釋，就是所謂的「巧合」。例如，你剛在網路社群平台，第一次跟一位陌生朋友打招呼，幾個鐘頭後居然在街邊的便利商店遇見他。這的確是一種巧合，因為你在意識之中有刻意安排要這麼做，它便如實發生了。

另一種相對的狀況，則是你很期待能夠再次碰到某一個人，你們曾經在書店偶遇，之後朝思暮想，日夜祈禱，甚至你未必知道他與你住在同一個社區，你們卻始終擦肩而過，無緣重逢。因為不符合你的心意，所以類似的經驗，會被你定義為「不巧」，但它其實也是一種「巧合」，很可能你剛下樓、他正上樓，你們在同一時間，搭著不同電梯，繼續過各自的人生。

你們其實有很相近的頻率，只是都差了一點點，沒有足夠到可以同步共振的程度。就像我主持廣播節目的電台，在臺北市區內的收聽頻道是FM103.3，如果你把收音機定位在FM105.7，就聽不到我的節目了。

這些實例，正說明了「同頻共振」的原理與意義。

## 調校內在頻率，和宇宙一起共振

如果要改變這種狀態，從「錯身而過」到「互相吸引」，就必須回到內在調校頻率，而不是向外在不斷探求。

在接通宇宙的靈魂天線之前，你必須時時刻刻保持敏銳的覺知。如果你已經誤入歧途多時，導致靈性能量阻塞，就要每天持續調校內在的頻率，才能創造你和萬物的「共時性」。具體的做法是：

**利用清晨或夜間進行靜心，每天至少十分鐘。你可以靜坐、冥想、瑜珈、散步、抄經，或是擁抱家人、赤腳踩在泥地，漸漸恢復你和宇宙的連結。**

**調校內在頻率，至為重要。因為唯有這樣，你才能接通宇宙的靈魂天線，保持和「高我」的連結。**

我們要有意識地進行內在頻率的調校，透過靜心的過程沉澱心念，讓自己先行歸零，放下基於恐懼而起的貪念，轉成感恩與祝福，才會符合「高我」的頻率。

否則，你發射出去和接收回來的，都是不清晰的雜訊，甚至是被扭曲的，或完全相反的結果。而且，你愈努力去發送訊息，就會愈重複地得到你不想要的結果。

**所謂的「心想事成」，其實包括了所有「你想要的」，以及「你不想要」的訊息，而且，你會得到比較多的，往往是「你不想要」的結果。**

因為在你懂得調校內在頻率之前，通常都會同時發送出去這兩種截然不同的意念，而負面的意念，總是具備比較強大的力量，它會掩蓋過正面的意念。這正是「小我」的本能，它習慣性地為了保護自己，而會賦予恐懼更強大的力量。你只要觀察周遭人性最自然反應就能印證：人們的驚聲尖叫，永遠可以劃破歡顏笑語的音量。

所以我們要有意識地進行內在頻率的調校，透過靜心的過程沉澱心念，讓自己先行歸零，放下基於恐懼而起的貪念，轉成感恩與祝福，才會符合「高我」的頻率。

至於「高我」的頻率是什麼呢？簡單而言，「高我」的頻率，就是愛！當你感覺敞開、滿足、喜悅，這就是「高我」的頻率。相對地，當你覺得閉鎖、匱乏、焦慮，就不在「高我」的頻率裡。這時候你所發送出去的，都是你的害怕、你的恐懼、你的擔心，於是吸引到更多你不想要的結果。

無論你感覺好或不好，共振的原理都是一樣的。所以，你一定要非常小心翼翼。並非你的感受吸引你得到這個狀態；而是，你的感受，就是你的狀態。每一個人的實相，都是被自己創造出來的。

靈魂練習題

## 尋求與高我的頻率共振

### 01

挑選一個最適合自己的時間、地點、方式，開始每天靜心的練習。如果你暫時還沒有找到最適合自己的靜心練習，建議你使用《靜心書寫：活得像雲般自由》抄經本開始練習。(各網路書店均有販售)

### 02

在靜心過程中，審視自己的每個心念，但不要抓住它，請任由它來去自如。

### 03

試著分辨心理的感受、與身體的反應，逐一記錄下來，慢慢整理出愛的標記。也就是說，和「高我」的頻率共振時，你會有怎樣的情緒與身體反應，請學著辨識它、記憶它。

[ YouTube ]　[ Podcast ]

# 記住軀體標記

常在朋友之間聽見這句開玩笑的話：「嘴巴說不要，身體倒是很誠實！」或許，這只是對一個人「言不由衷」的輕鬆調侃、或惡意嘲諷；但也說明一個現象：隨著情緒的起伏變化，軀體生理會有明顯的反應。

學習自我覺察，從觀照「小我」基於恐懼的需求，到接通「高我」的愛與慈悲，除了承接情緒、放下執念之外，很重要且關鍵的一項練習，就是：牢牢記住軀體的標記。面對往後人生的每一個重大的時刻，如果你感覺到生理出現敞開、揚升、熱情等標記，就表示你正在和宇宙的正向能量共振。

你可以拿兩張照片來比較。一張是你刻意面對鏡頭展現微笑；另一張是朋友不經意捕捉到你開心的神情，請觀察照片中的兩個你，有什麼細微的差別。留意臉上的線條，尤其是眼睛和嘴角等處，有哪些差異？然後對比照片當時的感覺，肌肉的鬆緊、心跳的速度、臉頰的溫度，是否有些不一

[ YouTube ]

[ Podcast ]

樣？請你認真描述，並筆記下來。特別是針對你被朋友不經意拍攝到開心笑容的那張照片，請你回想當時的情況，牢牢記住當時的生理反應。

爾後的人生，當你面對兩個選擇，不知道如何用理性做決定時，就試試看哪個選項會讓你獲得類似真正開心時的軀體標記。

在「吳若權幸福書房」的影片中，曾分享雷．克洛克（Ray Kroc）的故事，他最初在酒吧彈奏爵士鋼琴，後來從事紙杯業務推廣工作。某天，他帶妻兒到一家漢堡店用餐，突然產生了一種類似緊張的興奮感。幾年之內，他不惜冒險花光所有存款，甚至妻離子散，只為了實現這個直覺所帶給他夢想。後來，時間證明了克洛克的直覺正確無誤，因為他那年所買下的漢堡店，就是你現在所熟知的麥當勞。

其實身體常常傳送訊號給你，但要精準判斷「軀體標記」所隱含的意義，需要長期的練習。唯有透過自省的思維，不斷地過濾與澄清，避免被情緒誤導到錯誤的方向，才能讓真正的直覺適時出現，幫助自己做出更正確的決定。

# 清除心理的雜訊

在實現夢想的過程中，心理的雜訊是個很大的障礙，它不但會模糊你的願景，還會削弱執行的力量。因此要學會清除心理的雜訊，停止唱衰，放下擔憂，適時鼓舞，讓自己充滿喜悅自信地向目標邁進。

你真正要追求的，是什麼呢？

其實，大部分的人並不清楚這個問題的答案。即使勉強說出一、兩項，恐怕也只是充當了「小我」的代言人，而不是「高我」真正的意圖。尤其在東方社會，很多人從小就活在別人的期望中，即使通過叛逆期的蛻變，還是很容易套用別人的成功標準，當作自己人生的追求。通常都是要等一路跌跌撞撞、毫無成就，到懷疑人生的地步，才會開始認真地想：「我的人生，究竟要追求什麼呢？」

還有另一種人，自以為是「吸引力法則」的信徒，窮究其半生之力，去想像、去祈禱、去懇求，但老天給他的回應，卻都不是他心裡想要的，受盡挫折委屈，終於發現自己對「吸引力法則」的理解，似乎還不夠透澈。

**除了「限制性信念」的巨大影響力之外，尚未清除心理的雜訊，也是「吸引力法則」之所以失效的關鍵因素。因為「吸引力法則」是宇宙運行的共通法則，所有在腦海出現過的念頭，都會發生作用，當然也包括你在潛意識中所擔心的事，統統都會「心想事成」。**

因此，如何清除掉這些心理的雜訊，包括：你在意識層面中所知道的、以及存在潛意識中你所不知道的，就成了具體目標被顯化之前，最重要的關鍵程序。

很多人以為要實踐「吸引力法則」，在運作的過程中，就是不斷地正面思考。其實這也是運作「吸引力法則」的一大誤區。

**過度強調正面思考，其實會帶來很大的壓力。與其不斷強調正面思考，不如坦然接受現狀。這是一種比督促自己要正面思考還更有力量的做法，也是內在自信的表現。**

換句話說，當你具備足夠的自信，就不會再一直催眠自己要正面思考。一定是你內心有所擔憂、有所恐懼，才會強迫自己不能回頭看這些隱藏在身後的陰影，盲目地逼自己必須一味地往前看正面的亮點。

自信低落，是實現夢想的障礙，就算你再怎麼努力，也都無法成功。當你發現自己有這些現象時，一定要暫時停下正面思考的腳步，先清除心理的雜訊，釐清自己內在真正的渴望，才能接通來自「高我」要帶給你的靈性訊息。

例如，有一個人明明許願想要中彩券，得到一千萬獎金，心裡卻出現另一個來自「小我」的聲音，喃喃自語地說：「天下哪有這麼好的事？」、「我會這麼幸運嗎？」、「我會招來別人的忌妒吧？」、「發了一筆橫財，會不會惹禍上身呢？」這就是所謂的「心理雜訊」，必須加以清理，願望才會實現。

## 別再唱衰自己，籌組內在的鼓掌部隊

幾乎所有長期運用「吸引力法則」，卻一直四處碰壁撞牆，至今還沒有美夢成真的人，心裡都有同樣的矛盾糾結——一方面，在意識上想追求成功；另一方面，在潛意識裡卻害怕成功。這可以說是人性的共同現象，大部分正在力爭上游的人，都有這個問題。

尤其，如果之前從未嘗過成功的滋味，即使已經到臨門一腳，都還會近鄉情怯，與成功失之交臂。而且往往愈是努力，就離成功愈遙遠。正面臨自己事倍功半的挫折與沮喪之際，竟給自己落井下石的貶抑：「你看你就是這麼差勁！」、「你看你就是時運不濟！」、「你看你就是只會努力，根本沒有用對力！」

所以，我們要花很多時間與心血，去探討「限制性信念」的問題，打破自己牢固的心牆，不但要看到成功的希望，還要把自己變成那一顆熱力四射的太陽。實際的做法是：

**每當聽見自己內在「小我」的聲音，發出那些不看好自己的碎碎念，就要立刻制止他，請他「閉嘴」！你一定要心知肚明：他說的都不是真的！你千萬別中計！**

在此同時，你還要為自己籌組內在的鼓掌部隊，一覺察到自己正在做選擇，而且是符合宇宙的法則，發出的是愛與慈悲的頻率，你就要為自己用力拍拍手，對自己說：「了不起！」、「太棒了！」、「我以你為榮！」即使，只是一點點改善、一些些進步，都要小題大作，不要給「小我」任何有說風涼話的可乘之機。

找我做心靈諮詢的個案中，有一位輕熟女，才三十出頭歲而已。因為「先有後婚」，比自己當時規劃的人生提早五年步入婚姻，卻在臨盆前的一個月，發現丈夫外遇，而且這小三竟是他們的共同好友。

傷心欲絕的她，不顧自己正需要丈夫的陪伴與支持，以壯士斷腕的精神，毅然決然地訴請離婚。因為罪證確鑿，百般不願離婚的丈夫，不得不接受法院的判決，拖到孩子快要滿周歲之前，搬出他們共同的居所。

歲月如梭，過了三年，已經變成前夫的他，後悔莫及，一直想重修舊好。自認為感情有潔癖的她，堅持不肯復合，她唯一能做的，就是配合法院的判決，給前夫探視小孩的權利。但每次前夫都會藉由小孩的互動，來探測她是否願意復合的底線。每次看他來把孩子接走、或送小孩回來，她都對他冷嘲熱諷，甚至破口大罵。時間久了、次數多了，這種情緒壓力，變成她的憂鬱。

我問她：「妳還愛他？」她說：「是恨，不是愛！」但我們其實都知道，愛恨有時難分難解。我繼續追問：「妳真正想要的是什麼？」她流淚說：「是原諒。但我做不到。」

她想讓愛回來，但被恨阻擋。我請她再次釐清自己內在的渴望，清除心理的雜訊。每當前夫接送孩子，她沒有施以情緒或語言暴力時，都要對自己說：「了不起！」、「太棒了！」、「我以妳為榮！」幾個月下來，她自己覺得內在有了很大的轉變。

他們還沒有復合，未來會怎樣也很難說。但可以確定的是：她愈來愈清楚自己要什麼，也在往她真正想要的方向走。

靈魂練習題

# 先確立目標，再釐清真正的問題

## 01

先確定自己正要前往的某個人生方向，並具體描述。

## 02

問自己：「我有百分之百地全力以赴嗎？」不只是實際上的努力，還要全心全意地支持這個目標。如果有些疑惑，或是自信心不足，而覺得自己可能無法到達，請把你擔心的問題條列下來。

## 03

再次確認：這些問題是真的嗎？如果是，請擬訂解決的方法；如果不是，請刪除它。（前提是：如果問題是真的，就一定有解決的方法；如果沒有解決的方法，代表它根本不是個問題。）

[ YouTube ]　[ Podcast ]

# 向宇宙下對訂單

許願的時候，我們常誤以為內容與儀式是最重要的。其實，振動頻率才是關鍵。如果你感覺匱乏，就無法和宇宙的豐盛共振。只有滿足與感恩的頻率，才能為你接通高我的天線，讓全世界都一起來幫助你圓夢。

只要是學習過「吸引力法則」，或正在執行相關計畫的人，應該都知道許願的過程中，一定要有這個步驟：先把目標具象化。也就是要想像一個擬真的畫面，並且讓自己身歷其境。在此進一步提醒的是：為了要完成真正的夢想，許願時必須使用簡單而具體的肯定句！因為在發送訂單給宇宙之前，你要先說服你的潛意識，讓它聽懂這個通關密語。

**許願時，發送給宇宙的訂單，訊息內容必須符合以下五個原則：簡短、具體、有力、現在式、肯定句！**

你的潛意識大約只是一個心智只有三到五歲的孩子，它聽不懂曖昧模糊的語意，例如：「如果我的身材能夠再好一點，就太棒了！」它不知道什麼叫做「再好一點」，除非它被確實地告知你的標準是什麼，否則它會因為目標不夠具體而躊躇不前。因此，你發送給宇宙的訊息，不是被過濾掉、就是變形，力道也會被削減。

潛意識也很難理解否定句，甚至會直接篩除「不」這個字。如果你說：「我不要發胖！」它會誤解為：「我要發胖！」然後發送出「胖」的振動頻率，於是你的體重會一直維持在標準之上，吸引更多會導致肥胖的原因與你會合。

相對地，如果你發送的指令是：「我的體重，在三個月之內，下降兩公斤！」潛意識聽懂也接受，這項申明就會被傳送到宇宙，讓全世界都一起來幫你完成願望。

這件事情很簡單嗎？根據我的觀察，對大多數人是困難的。我主持廣播節目超過二十年了，現場 Call-in 電話中，大約有百分之七十的許願清單，都是非常模糊、不確定，甚至不知所云。

「我對目前的工作感到很無聊，也很無奈，希望趕快換一個更好的工作。」、「我在婚姻中很痛苦，老公都不跟我講話，我想跟他離婚，希望單身會有更好的生活。」、「我目前的房客很糟糕，我想讓他退租，可以找到更好的房客。」……諸如此類願望，我努力發揮同理心，體會對方的心情，但老實說，我還真的聽不懂他具體要的是什麼！我猜想老天也有同樣的困惑：「雖然我知道你不要這個，但你要什麼呢？」什麼是「更好的工作」、「更好的生活」、「更好的房客」？你得自己先定義清楚才行。

把許願清單上的標準定義清楚之後，要留意的是：你設定的目標，會不會連自己聽了都覺得心虛？

例如，你說：「我的體重，在三個月之內，下降兩公斤！接著另一個聲音浮現：「怎麼可能！」就像你駕著馬車，兩匹馬卻往不同的方向前進，絕對會因為互相拉扯而人仰馬翻，這個許願立刻變成無效訂單。此刻，你就要清除心理雜訊、或重新調整目標，直到你可以說服自己為止。

## 有效許願的心情，必須是：以滿足取代匱乏，用感恩取代渴望

當你的目標陳述句，符合：簡短、具體、有力、現在式、肯定句，這五個特質，而且可以說服自己，一點都不會覺得心虛，相關的畫面一一呈現出來，才會有身歷其境的效果！

但是，對很多人的挑戰卻是：如果我從未在真正的比賽中，獲得過金牌或冠軍，那要如何才能模擬或想像出那樣的感受？一般初階的靈性導師常用的方式，就是叫學員透過想像，描述在未來即將實現的畫面中：你看到

什麼、你聽見什麼、你聞到什麼？

這固然是一個很好的引導方式，但我知道對多數學員依然是有障礙的。即使他已經參考過很多圖片、看過電影、問過有經驗的人，還是無法讓此刻的自己，進入那個尚未實現的畫面中。

而我的意見則是比較進階版的：

**運用「吸引力法則」，必須超越真實感官的體驗。透過想像力來創造，而其中最大的奧秘，就在於刪除因為積習已久而產生的執念。過去的肉身體驗，其實是想像力的侷限，你必須徹底斷開之前的經驗值，才能把「不可能」變為「可能」。**

你之所以渴望遇見一個對的人，是因為你目前缺乏一個可以讓你感到安心的伴侶。你的渴望，呈現的是此刻匱乏的事實。如果你內在存在這樣的感受，無論有多強大的想像力，向宇宙下訂單時，所發送出去的，都是匱乏的頻率。

那麼，該如何翻轉此刻的現況，不再因為自己內在感到匱乏而受到侷限呢？秘訣就是：

**如果只是想像未來的生活樣貌，無法真正啟動你的創造力，請你專注於當下的自己，以滿足取代匱乏，用感恩取代渴望。**

即使你目前是一個人、口袋只有兩百元，生活中還是絕對可以找到令自己滿足與感恩的事情。例如：至少你還活著、至少太陽仍升起、至少時光會流轉。

**試著靜心，讓自己的意念從「一無所有」到「別無所求」，滿足於眼前的現狀，感恩於所有的遭遇。這樣做就能改變頻率，到達「心腦共振」的境界。先讓你的能量處於揚升的狀態，你的許願才會上達天聽。**

我還有一個更高階版的建議，我很樂意在此分享給你：

**提前感恩。**

**你不必等到願望實現，才感恩一切；你從現在的每一刻起，都可以用願望已經實現的狀態，對身邊的萬事萬物表達感恩。這也是「調整頻率，和宇宙共振」的秘訣。**

或許，有人會擔心，如果自滿於現狀，會不會因此裹足不前，而無法抵達目的地？說穿了，這個問題正是來自「小我」最典型的恐懼！你只要把上述的問題，多重複念誦幾次，就會發現：這是個負向的思維。因為，它對自己投下了不信任票。

我並不想在這裡對你強力推銷「高我」的能量有多麼巨大，只是衷心地建議你順著這條路走去。萬一你真的擔心，充分滿足與盡情感恩之後，你會來到「繼續實現夢想」或「屆此前功盡棄」的分叉路口，那麼，你就等到那時候，再做選擇吧！

或者，你已經不再懷疑，不再掙扎了，願意讓「高我」引導你繼續前行。

靈魂
練習題

# 以感恩的頻率，
# 向宇宙下訂單

## 01

許願之前，站在「知足」的角度，先看看自己此刻擁有的，而不是聚焦於還沒有得到的。你可以先列出已經擁有的項目，再對比許願清單，你會發現一個很有趣的現象：你其實已經擁有很多值得感恩的人與事。

## 02

繼續懷抱著滿足與感恩的振動頻率，確定自己已經穩定處於這樣的狀態。

## 03

如果你有時候會中斷這樣的狀態，那就再回想一下，上次真心覺得滿足與感恩的時刻，然後深刻地記憶這個頻率，讓它可以逐漸內化。

[ YouTube ]　[ Podcast ]

# 愈想要，就愈得不到

特別想要得到、或堅持不想要碰到，兩者都是限制自己的綑綁。不但讓自己失去自由，也讓想助你一臂之力的人無計可施。此刻不妨放下執見，盡力就好，其他就交由宇宙來成全，這樣最能夠創造新的可能。

你或許聽過這句話：「會吵的，有糖吃！」如果宇宙之中存在一隻分配資源的手，正要送出一份珍貴的禮物，你覺得最後會是誰得到呢？

以下有幾個選項：A.最認真努力的人；B.最想得到且積極舉手爭取的人；C.最不在乎結果的人；D.以上皆非。你的答案會是什麼呢？

讓我與你分享自己的人生經驗吧！我曾經是、或一直都是選項A，那個最認真努力的人，但是，很遺憾地，我並沒有得到我想要的結果。原因很複雜，包括之前提到的，尚未解除「限制性信念」、以匱乏的心態乞求老天成全、過度努力造成壓力等，所以我常常事倍功半，而且事與願違。

選項B，最想得到而舉手爭取的人，態度固然很積極，但有時候會「食緊摔破碗」（臺灣閩南語），欲速則不達！態度表現很積極，但未必真的已經準備好了。

在累積至今已經超過一千場次的校園活動中，我獲得了很特別的經驗。每當進行「有獎徵答」時，喊叫最大聲、舉手最快速、行動最踴躍的同學，往往都沒能回答出很周延的答案。儘管為了鼓勵同學發問，我還是會把禮物送給他；但是他只得到了獎品，並沒有得到能夠真正和這份禮物匹配的榮譽。

至於選項C，就不多花篇幅討論了，不論是真的不在乎、或是裝酷，即使得到禮物，也沒有真正的意義。所以我設計這一題題目，參考答案是：

選項D，以上皆非。

那麼，到底是誰會實至名歸得到珍貴的禮物呢？

我認為最適合的答案是：「最值得獲得這個禮物的人！」所以我才會從解除「限制性信念」開始，鼓勵讀者要活出能夠匹配得起自己的人生。

**在向宇宙下訂單時，絕對不能心虛，也不要懷抱著匱乏感許願。你是名正言順的，向宇宙「申明」一件本來就屬於你的事物；而不是投石問路般，向宇宙「乞求」一件原本不屬於你的東西。**

否則，你愈想要，就愈得不到。因為你會緊張、會焦慮，完全無法放鬆。你也很容易因為過度努力，顯得心力交瘁，難免有所怨念，而一再與好運失之交臂！

你永遠要記得，「吸引力法則」的運作方式，最關鍵的是「同頻共振」，所以絕對不會是「會吵的，有糖吃！」，用爭鬧的方式，只會破壞和諧，無助於實現願望。反而是以喜悅、滿足、輕鬆、感恩的態度去想像，抱著「能夠得償所願，當然是最好；萬一不能如願，相信老天自有其他更適合我的安排！」這樣的心情去許願，最能夠美夢成真。

## 向宇宙敞開，不要侷限想像，也不要一味地堅持自己所想要的

大部分和個人利害關係連結的「夢想」，都是來自「小我」的堅持，未必完全符合「高我」的旨意。只有那些符合自己此生天命，並且能夠造福人群的「夢想」，具有實現的意義與價值。

**願望的本身，往往只是一層表面的包裝，裡面的核心價值，才是上天要藉由你的許願，送給世人的禮物。**

例如，你一心一意想要變得很富有，許願的內容盡是金錢。但也許金錢對你而言，還有其他隱含的意義，包括：覺得自己有價值、能夠受到尊重、

可以為家人帶來幸福、或是讓你的才華可以有更大的發揮空間……如果你只把自己的夢想侷限於金錢，就可能忽略了上天要賜予你的其他禮物。

因為若要覺得自己有價值、能夠受到尊重、可以為家人帶來幸福，這些願望未必要依靠金錢來完成。當你擁有專業的技能，就會覺得自己有價值；當你願意捨己為人，就能夠受到尊重；當你多花時間陪伴傾聽，就可以為家人帶來幸福，而你卻本末倒置，終致兩頭落空。

上天可能已經透過很多其他不同的管道，讓你擁有專業的技能、有機會捨己為人、有能力陪伴傾聽，但你眼中只有金錢，便捨棄了其他比金錢更重要的東西，然後還一直哀怨上天沒有眷顧你。類似這樣的狀況很多，最可惜的是：

**侷限於對某個目標的心念，以為自己意志堅定，其實只是偏狹的執見而已。可能會錯過早就來到身邊可以實現的願望，把它誤認為遙不可及的幻影。**

就像網路上廣為流傳的小故事。一個溺斃的人到了天堂後，向上帝抱怨：「為什麼沒有在生前顯靈，對我伸出援手？」上帝慈愛地微笑回答：「我先後派了舢舨、輪船、直升機去救援，但你都視而不見！」他執意要看到上帝本尊，才會確信救援，沒想到上帝有其他化身，因而一再錯過。

**幸福，有很多不同的樣貌；成功，也有很多不同的形式。你可以大膽許願，要得到幸福、能獲得成功，但最好不要太執著於自己的刻板印象。以免只關注自己還缺什麼，而忽略其實你已經擁有很多。**

我曾經在電台節目中訪問台灣的製茶達人張家齊，以獨特風味東方美人茶，參加二〇二一年英國星級美食大獎（Great Taste Awards），奪得兩項最高「三星級」殊榮。再以紅茶於日本世界綠茶評比會，獲得最高金賞獎，這是此項賽事史上，首度以台灣紅茶拿到的最高榮譽，讓台灣茶「茗」揚國際！

其實出身自苗栗頭份製茶設備世家的張家齊，年輕時懷抱飛行的夢想。

身為茶葉世家第三代，起初並無意接手經營茶產業。念大學期間，為了報考機師課程學費，同時兼職三份工作。如願考上機師後，卻礙於籌措不到要去澳洲累積飛行訓練時數所需的新台幣四百萬元經費，便回到家裡接手製茶，歷經挫敗，勇奪殊榮。

在外人眼中，他暫時放棄了飛行的夢想，但在節目訪問過程中，我看到回歸茶園的他，其實不但延續夢想，並且早已經啟航，只是他不用再借助飛行器，而是一對隱形的翅膀。

靈魂
練習題

# 查看願望清單的真切想望

## 01

詳列你的願望清單，仔細研究它背後的意涵。例如，你很想要成為一名眾人皆知的歌手，這個願望的動機背後，是想贏得掌聲、或療癒人心？

## 02

認清楚願望清單背後的意涵之後，再研究看看這個願望的替代方案。假使你終究沒有成為一名家喻戶曉的歌手，你還能成為怎樣的自己，同樣也要思考實現這個願望背後的意涵？

## 03

你願意花多少資源、何種代價，去實現這個願望？在付出努力的過程中，它有底線嗎？若沒有底線，你是如何處理這樣的壓力？

[ YouTube ]　[ Podcast ]

# 那不是你的天命

有些願望是「名不符實」的，用「掛羊頭，賣狗肉」來譬喻，雖嫌粗鄙，但也傳神。意思就是說，那個你心心念念、苦苦追求，但後來並沒有實現的願望，或許不是因為你不夠努力，也不是「吸引力法則」失效，而是因為它根本不是你的天命。

以最普遍的例子來說，每天都有人在買彩券。有人只是覺得好玩，試試手氣；有人很認真想中頭彩，卻一直尚未如願。倘若你是屬於後者，可以先想想，中了頭彩之後，你要如何分配並使用這些財富。否則，即使中了頭彩，未必能真正享受或留下財富。

一心許願要中頭彩，若每期努力買彩券，卻沒能如願。很可能是因為在你這一生來到地球所要學習的課題，包括你所隱藏在願望背後，真正想要成就的事情，並非要靠金錢來達成。例如，你想要一幢位於郊區的別墅，

[ YouTube ]

[ Podcast ]

願望背後是無拘無束、天開地闊的生活，靠中彩券獲得金錢以購買別墅，並不是實踐這個夢想的唯一途徑。

那是因為我們從小被誤植了一個程式，以為金錢可以換到一切、以為金錢就等於享受。而這個暫時還沒有實現的願望，有可能要你學習到的就是：金錢，只是一個中性的工具，它無法換到一切，也不完全可以和享受劃上等號。

如果你許願的是要得到某個人、某份工作、某項職務、某榮譽獎章，盡全力去做，也應用「吸引力法則」的所有要領，但始終沒有如願以償，或許就要開始思考這個可能性：那不是你的天命。

當不成羽球國手，可能會是很好的教練；當不成巨星，可能會是很厲害的製作人；當不成導演，可能會是很優秀的片商。你所要做的就是：認真許願、努力付出，保持開放的心，其他都交給上天成全。讓宇宙更高的意識，來引導你的意識。屆時，你會面臨一個重大的選擇，無論繼續放手一搏、或到此放棄拚鬥，都是非常勇敢而美好的決定。

以喜悅、滿足、輕鬆、感恩的態度去想像，
抱著「能夠得償所願，當然是最好；
萬一不能如願，
相信老天自有其他更適合我的安排！」
這樣的心情去許願，最能夠美夢成真。

# 建立結界，創造幸運

真正的創造，是偉大的工程，但並非要你從無中生有。宇宙的完美本來就存在，你要做的努力，只是去除不愛的障礙。創造幸運，未必要增添什麼，只要停止抱怨、遠離小人，就能清理磁場，與正向共振。

每個人這一生來到地球，最偉大的奇蹟，就是創造自己！而我發現一件很有趣的事實，大部分的靈性導師都會說：「這是一條回家的路。」當你從開始懂得放下肉身感官的那一刻出發，引領自己回到靈性的道路，就是一步一步走回家了。

我們的肉身，只是一具載體。為了靈性的鍛鍊，在出生之前便已經訂好計畫，要用這一輩子來歷練很多挑戰，準備好一關一關去通過考驗，在程式設計上，先讓每個人忘記具體的任務，以便摸索、試探、並做出選擇。

就像你要參加一次大考，事先不會知道題目，但有很多教科書，會有考古題、以及補教老師出的考前猜題。有些考生確實比較幸運，本身資質優良，也懂得正確的方法，考運也很好。這就像是你身邊有些幸運兒，固然生活難免有喜怒哀樂，卻沒有太大波折，平順相安的盡享富貴榮華。

在統計學的常態分配之下，能名列前茅的人數畢竟有限，芸芸眾生裡大部分的人都像你我一樣，雖然平凡，但是可造。所謂的「可造之材」，就是可以創造，也值得創造。

**如果你深信：「其實，你不是你以為的自己！」你也認同：「『小我』不是真正的自己；因為真正的自己，是與『高我』連結的。」，那麼，請你記得以下的提醒：**

## 我們所有在靈性學習上的努力，就不會只是改變，而是創造！

能夠意識到自己需要改變，那當然是好事。尤其是遭遇挫折的時候，每一次的痛苦經驗，都在提醒我們必須做改變！

但有時候，改變真的太被動、也太慢了。你也一定都聽說過：「江山易改，本性難移。」所以，我們要更主動、更積極、夠快速地進行創造。

有關創造自己，最經典的實例是：有人問米開朗基羅，如何創造出大衛這樣完美的雕像？他說，不是刻意去雕塑大衛的形貌，而是大衛早就存在於巨石裡。他只是去除不屬於大衛的部分，把多餘的大理石刨掉而已。

我常在課堂上引述這個例子，它的應用範圍很廣。順筆一提，這也是心理學與靈性學論述的差異。

臺灣有很多心理諮商師出版新書的論點，都是安慰讀者：人生，本來就不完美，要大家學著接受完整。但放進靈性學中，這依然是「小我」的觀點；從「高我」的角度來看，每一個人真正的自己，都是完美的！就像是一尊大衛雕像那樣，我們要做的努力，就是去除「不是的」部分，而「是的」就會被保留，且完美地呈現出來。

**人生，是創造的過程！我們要做的努力，只是去除愛的障礙。**

然而，我們都像是資質平凡，而且努力程度不一的考生，面對生活中各式各樣的考卷，總難免希望「考運」好一點，在試卷上出現的考題，不要超出太多自己所準備的範圍。

這一點小小的心願，除了透過擴大準備的範圍，以備考題隨機出現之需，還有一個技巧可以協助加分。那就是：創造屬於自己的幸運。

**幸運，是可以創造的。**

固然，前世因果業力已經編寫好今生的劇本，但當下面對這個劇本的態度，以及每一次經過覺察而做出的選擇，將會決定這一個階段的積分。

我們可以為創造幸運做出努力，未必是多做點什麼，有時候可以往少做一點的方向思考。甚至是，不做哪些事，運氣會更好？

## 為自己的幸運設定結界：停止抱怨，遠離小人

為增強運勢，我們可以做很多努力，但最省力氣的做法，卻是以下這兩件事，為自己的幸運設定結界。

第一件事是：停止抱怨。

**抱怨，是一個負面能量很強的磁場，它會吸引許多不好的意念與之共振，形成銅牆鐵壁般的心牢，把自己困在裡面。只要你能透過覺察，立刻停止抱怨，就能在瞬間瓦解這道阻擋運勢的高牆，讓你得到貴人相助，以及幸運加持。**

所有抱怨的根源，都是來自恐懼，總是認為自己無法得到公平的對待！無論是懷才不遇、遇人不淑，覺得一切不公不義的起因，都跟自己無關。這樣的想法，就是把逆轉局勢的鑰匙交付到別人手裡。對治之道，就是回

到自己本身，認為：一切遭遇都跟自己有關。不必為了歸咎錯誤而過度自責；但一定要為創造新的局面負責。

與抱怨相關的情緒與作為，還有：造謠八卦、搬弄是非、批評別人，以及不肯原諒，無論動機與用詞是什麼，它的核心思維都是：別人有錯、我很無辜！就算事實如此，也要當機立斷，和這些負面能量切割，而不是繼續糾纏。

第二件事是：遠離小人。

我們真的不必用心去討好每一個人，也不用花心思去對付和自己理念不合的人。尤其是那些玩弄兩面手法、喜歡爭功諉過、習慣占人便宜、總愛說三道四的好事者，及早和他們劃清界線，避免往來，才是最明哲保身的做法。但不用擺明對立、隔岸叫戰，那也太過度了，而且會讓自己捲入是非之中。

現代人的手機裡，可能都會有幾個群組，有些是自己主動加入、有些是被動邀請的。其實只要觀察一段時間，就能分辨自己是否該在此久留。如果群組之中，只是早晚定時發送長輩圖問好、傳些來路不明未經驗證的危言聳聽、或是跟自己價值觀差異甚大的言論，不妨默默隱退。若不想做得太明顯，建議以更換新手機、或容量不足為由及早退出。

為了創造屬於自己的幸運，你可以做很多努力！但僅僅不做上述「抱怨惹是非」、「和小人糾纏」這兩件事，就能清理磁場，趕走絕大部分的負能量，真的很值得你試試看。

靈魂
練習題

# 辨識恐懼的跡象，
# 記住幸運的頻率

## 01

描述你最討厭的人、或你最頭痛的事，他（它）帶給你怎樣的困擾？

## 02

這些困擾，必定有對應到你心中的恐懼。那會是什麼？例如，有個朋友常占你便宜，你卻敢怒不敢言，那究竟為什麼還繼續忍受著？怕自己沒朋友、或影響自己「好人」的形象？

## 03

你曾經遇到貴人相助嗎？你用什麼方式表達你的感謝？或是你曾經是別人的貴人嗎？回想這些美好的經驗，對比前面兩個練習題目，學著辨識「幸運」的頻率，讓它深刻印記在你的心底。

[ YouTube ]　[ Podcast ]

輯四

# 信任自己

臣服，是一種簡單、卻深邃的智慧，

是要我們學會隨順生命的河流。

無條件、無保留地接納當下這一刻，停止對本然的內在抗拒。

——*伊克哈特·托勒（Eckhart Tolle）*

# 臣服，是積極的力量

當危機發生時，大腦擅長於抗爭，引發全面戒備的情緒，看似可以保護自己，其實很容易因而失去理智，削弱解決的力量。臣服，是心的運作，它會啟動愛的能量，和宇宙共振，療癒悲傷，放下執著。

一般人對「臣服」常存在誤解，以為它是「投降」的同義字。或者，認為「臣服」就是「認輸」。其實「臣服」的真正涵義，正好與「投降」、「認輸」，是完全相反的解釋。

我只能說，如果你只看表面，真的很容易誤會，以為「臣服」就是「投降」、就是「認輸」，因為遭受挫折的人，不再反抗、不再辯解、不再僵持。但也正是如此，他才能把傷害降低到最小的程度，而且當下就是停損並獲益的開始。

**臣服，並非消極地接納、或無奈地妥協。而是在事情發生的當下，就以願意負責的態度，完全承擔起創造的責任。我們並不是在替別人收拾爛攤子；而是在為自己創造未來更好的人生！**

身邊很了解我的親友，聊起我個人的特質，都會誇獎說我是個認真、自律、體貼、負責的人，但老實說，我認為自己真正的特異功能是：臣服。

回顧自己的成長過程，其實並不順遂。從比預產期提早五十八天來到這個人世，就開始動盪艱苦的歷練。嬰幼兒時期非常多病，童年頻繁搬家、轉學，青少年還輟學，長大後遭遇偷盜挾持、母親突然中風病倒……細數這些艱辛時，我發現：雖然自己的先天資質欠佳，後天環境也多險峻，卻因為這些遭遇，而擁有出乎自己想像的挫折容忍力。

每當碰到不如預期的事情，無論是芝麻綠豆般小、或似石破天驚般大，我都能在事發的當下立刻全盤接受，沒有任何半秒的遲疑或反抗，腦中只想著：事情既然發生了，接下來我要如何回應？

二十六年前，家母在端午節前的一個清晨，去傳統菜市場買菜，因為腦幹出血暈倒，我接到電話通知後，立刻狂奔至菜市場，在幾位朋友與陌生人的協助下，抱起她前往醫院急診。醫院還一度拒收，幾番交涉拜託，讓母親接受緊急醫療處理，住進加護病房。經過慌亂的時刻，搞定一切，我才打電話告知兩位還在上班工作的姊姊，家裡發生了這麼嚴重的事件。

從清晨七點多，忙到中午十二點，獨自經歷無數近乎「叫天，天不應；喊地，地不靈」的無助時刻，但我沒有哭泣、沒有埋怨，只知道這時候唯有靠理智穩住自己，按部就班處理，才能逐一解決問題。

如果讓時光倒流，回到當天七點半，若是我震驚到難以接受，在第一時間就質疑上天：「怎麼回事啊？」、「怎麼讓我碰到這種事？」然後在長達二十幾年的照護生活中，持續推託責任說：「爸爸呢？」、「姊姊呢？」、

「怎麼把這些棘手的事都丟給我？」就應該不難想像，我的家庭，將不會是今天這個平順和樂的樣子；我的內在，也不會是現在這般的安穩成熟。

## 面對無常的人生，臣服幫助你擺脫恐懼，拿回主導權

儘管在面對人生重大挫敗時，幾乎所有的心理學專家，都會引用美國精神病學家庫伯樂．羅斯（Kubler-Ross），在一九六九年提出的「悲傷五階段」，包括：否認、憤怒、討價還價、沮喪和接受，來幫助正在歷經這些情緒的個案，從認識並理解自己的狀態，進而療癒悲傷。

但是以靈性的觀點來看，不如直指核心，把「臣服」的概念定義為：超越所有情緒，直接百分之百全盤接納已經發生的事情，不論是好事或壞事。

**「臣服」，是指：完全的接納。同時也代表著：不和宇宙對抗。無論滿足或失望，一律統統接納。**

「臣服」，是指：完全的接納。同時也代表著：不和宇宙對抗。無論滿足或失望，一律統統接納。

初階的觀點是：臣服，就是願意接受與自己預期不同的結果。但經過很多的人生歷練之後，我想跟你分享一個更進階的觀點：面對無常，我們根本不該對結果有所預期。

何不讓自己的心態，以好奇而開放的胸懷，回到兒時的海邊，盡情在沙灘上迎風踏浪。那時候的我們，不會預測下一秒的海風，要從哪個方向過來，任憑它撒野地吹亂我們的髮梢和笑聲，沒有人會去批評它是對或錯！我們也不會預測下一波浪花，會沖到哪個岸邊？任憑它隨意地弄濕我們的眼角和記憶，沒有誰會去論斷它的是或非！

**臣服的姿態，是如此的輕盈；臣服的力量，是如此的巨大。臣服，既是全然地放下執著，也是全面地交付宇宙。臣服，讓我們更溫柔、更慈悲地對待自己與他人，因而可以活得更謙卑、更感恩。**

我曾在「吳若權幸福書房」頻道多次錄製過與「臣服」這個主題相關的影片，不同影片的留言區，至今都還可以看到網友的誤解與恐懼。我舉一個很極端的，也是最典型的問句，類似是「我被強暴，還要我臣服？」這樣的質疑，其實我看了十分心疼。我們都可以同理：被強暴，一定是非常慘痛的經歷。但我們要臣服的對象，並非施暴的人，也不是他犯下的錯，而是接納已經發生的事實，放過那個當時無力抵抗的自己。

真正的「臣服」，並非「投降」、「認輸」，而是不再與對方的過錯糾纏，重新贏回屬於我能主導的、也是自己所要的人生！

正如上述庫伯樂．羅斯所提出的「悲傷五階段」之外，也有其他學習靈性「臣服」主題的心理學專家，像是茱迪斯．歐洛芙（Judith Orloff）認為：「臣服」也有抗拒、接納、與放下等過程。但我想，程序並非必要，也不重要。你自己可以選擇要花五秒或五年，才能夠做到「臣服」。但我能告訴你的是：從願意「臣服」的那一刻起，你就會感受到能量的流動，並且獲得更多解決問題的創意，活得更有自信。

靈魂
練習題

# 發生不如預期的事，學會面對處理

## 01

對任何事情、任何狀況，請先做好隨時可以拋開自己預期心理的準備，也就是可以接納所有的發生。我們都難免會有預期，但不要受限於自己的預期。

## 02

當發生的事情是自己不想要的，請列出你之所以不想要的原因，以及它的問題點，該如何解決？

## 03

試著學習解決這個問題，看看在過程中你會有什麼收穫？

[ YouTube ]　[ Podcast ]

# 深入痛苦，才能解脫

沒有人會希望長期處於痛苦之中。即使將「把吃苦當作吃補」奉為座右銘，也只是安慰鼓勵而已，未必所有的苦都是補。痛苦是否真能轉變為進補，關鍵在於我們是不是可以完整地接納，並充分地消化。

人生的痛苦，究竟是怎麼形成的？

《心經》講「無苦集滅道」，今生所有的苦，都是自己的果報，既不是源於父母的遺傳，也不是別人帶來的，一切都和自己的心性有關。包括：面對生、老、病、死，或是怨憎會、愛別離、求不得等。

以現代的生活情境舉例，無論工作時碰到小人、戀愛時遇見渣男（女），或是參加比賽沒有得獎、入學考試名落孫山，或是至親久臥病榻、甚至往生，或是投資失利、賺不到錢……種種不如己意的遭遇，彷彿都可以推說是被別人牽連的，而且也確實都會帶來痛苦，但是它影響的程度、以及延續的時間，卻只跟自己有關。

**別人給你的痛苦，都只是一時的；你給自己的痛苦，才會停留很久。主要的原因是：你不讓它走。**

大部分的佛教徒，幾乎用一輩子的時間，去尋求「離苦得樂」的方法，卻未必真能如願以償。因為人性本身畏苦，一旦碰到痛苦，就會立刻退縮、或是反抗。僅僅是對於痛苦的恐懼，就會帶來更多的痛苦。愈是退縮、愈是反抗，痛苦就會跟你繼續糾纏。

生活中有個趣味的小狀況，可以說明這個現象。有些孩子怕狗，若在社區鄰里之間，偶遇並無危害的狗，大人總會教他：「沒事，你就以自然正常的走路方式經過就好。只要你不要用跑的，也不要去挑釁，狗不會追著你。」

所以，佛陀教導眾生要放下。

要放下什麼呢？其實要放下的東西很多，但對治痛苦，最需要放下的是恐懼與貪婪。

**最大的痛苦，都是由自己的恐懼和慾望所聯手打造。當你害怕得不到你想要的，痛苦就來了。**

我很常在前來找我做心靈諮詢的個案身上，看到這種現象。如果有人很害怕寂寞，單身的情況就會令他感到痛苦；因為他亟需要有人陪伴，卻始終找不到滿意的對象。如果有人渴望能換到一份同事好相處、主管懂得賞識的工作，這一定也會讓他感到痛苦，因為理想與現實相去甚遠，

但若要這些人捫心自問，有沒有認真尋找對象、應徵工作，答案是：「其實沒有，因為不知道如何著手！」他只是感覺痛苦而已，還沒有痛苦到令

自己覺得需要改變的地步。

**所有痛苦已久的人，都很習慣在痛苦中刷自己的存在感。他們的潛意識害怕：萬一痛苦消失，自己就找不到生活的重心。因為與痛苦抗爭的反作用力，會讓他們誤以為自己已經夠努力了，但其實他們只把力氣用在和痛苦拉鋸，而不是真正去解決問題。**

所以，很多傷痕累累的人，都繼續和痛苦做困獸之鬥，而他們全都忽略了這件事：

**痛苦，是上天的提醒：應該要做出改變，創造新的局面了！若是繼續掩耳盜鈴，就勢必會長期停留在哀怨裡。**

之所以痛苦難當，因為正在受苦的人，高估了痛苦的能耐。再加上不斷累積過去的痛苦，以複利的方式，繼續愈滾愈大，終於超過自己所能負荷。

## 放下「我不該受苦」的自己，學習與痛苦共處，終而不覺得苦

以失業、失戀、失婚為例，若突然發生這樣的事件，當事人確實會感到痛苦。但最痛苦的，並非這個事件，而是覺得自己不該受苦！

**痛苦本身，沒有力量；是自己賦予痛苦力量，才會被痛苦所傷害。想要解脫痛苦，唯一的方法，就是：百分之百徹底地接納，不再有任何的抗拒。當你不再排斥、不再抵擋、不再抗拒，願意和痛苦完融合在一起，就不會再覺得那麼痛苦了。**

每當回想人生幾段很痛苦的經驗，我就愈能體會出這個道理：唯有深入痛苦，才能解脫。逃避或抗拒，只會跟痛苦糾纏更久。

少年時輟學的那一年，我既要承受別人的冷嘲熱諷、也要面對因為資質不夠而學習進度落後的壓力，但很清楚自己已經無路可退了，只能默默接

受這份痛苦，咬緊牙關面對挑戰。即使，隔年重考的成績並不理想，卻因為這份撐過挫折的勇氣，而對自己刮目相看。才能在高中三年後的大學考試中，如浴火鳳凰般地重新展翼飛翔。

從母親罹癌到逐漸老化的這幾年，我也曾感到痛苦萬狀。其中有一年多的時間，為了照顧媽媽，放棄大部分的工作，每夜幾乎都睡在醫院病房陪診的小床上。

即使後來媽媽很幸運地從癌症的煎熬中康復過來，還是有很多因為退化而必須持續醫療的需求，常常一天要趕四個門診，讓我疲於奔命。直到現在，我還是每天只睡五小時，才能把工作與家務照顧好。而真正讓我能繼續堅持下去的力量，要歸功於：身為長期照顧者，我總能逆來順受地接納各種狀況，並且在經歷重重難關，倖存苟活之後，對自己說：「你真的很有能耐，很棒！」

無數個夜裡，忙到凌晨一、兩點才能躺平入睡的我，在夢裡總是用微笑迎接那個，必須在六點起床的自己。因此，我深信：

臣服，能帶給你最大的力量，就是完整而深入地接納所有的痛苦。

你之所以還感覺到痛苦，是因為你尚未深入其中。你誤以為自己是廢鐵，質地很脆弱，於是始終隔岸觀火，怕被火焰吞噬。但其實你比自己想得更堅韌，勇敢進入火焰之中，就會鍛鍊成鋼。

放下「我不該受苦」的自己，並非因為「我罪有應得」，而是接納所有痛苦的同時，重新給自己一個「我理當如此」的動力，學習與痛苦共處，終而不覺得苦。

現在的我，總會很習慣地對痛苦說：「歡迎光臨，這次你要教會我什麼課題呢？」當我學會以後，它就悄然離開，毫不眷留。

靈魂
練習題

# 仔細描述心中的痛苦，並細細理解

## 01

竭盡所能地將內心痛苦的感覺，清楚地描述出來。

## 02

逐一檢視這些痛苦，它之所以長期且深刻地困擾自己，到底是真真實實存在，還是被自己的大腦想出來的呢？

## 03

試著辨識自己是正在接納這些痛苦，或是還在抗拒、或逃避呢？前者是自己已經融入痛苦中，並逐漸消化；後者是還在拉扯，因為膠著而焦慮。

[ YouTube ]　　[ Podcast ]

COLUMN

# 不必等到苦盡甘來

回想起來，我的人生有幾個很痛苦的階段，事情發生的時候，確實感到痛不欲生，但所幸這樣慘烈的感覺，並沒有維持很久。甚至，它很快就消失了。我明明還在痛苦之中，但已經不覺得苦。

長大之後，學習很多靈性的功課，才明白這個道理：**在第一時間，毫不抗拒地接納痛苦。於是這一刻，就變成「最佳停損點」，所有的痛苦、委屈、和損失，都會停止在這裡。**

緊接著，思考並尋找處理的方法，開始動手實際付出，放下對痛苦的恐懼與罣礙，當自己以為可以與痛苦和平共處的時候，它其實早已經離開。痛苦，只是一個短暫的訊號，不應該是一個長久的感受。除非，你牢牢抓住它，不讓它離開。

在歷次的痛苦中，我也深刻地體驗那句老話：「苦盡甘來！」後來知道

[ YouTube ]

[ Podcast ]

那只是用來安慰和鼓勵別人或自己，未必是真正的事實。你若傻傻站在那裡等著「苦盡」，有可能永遠等不到「甘來」。因為面對痛苦若毫無作為，它就會變得像是無始無終那樣地沒有盡頭。你若相信「苦盡甘來」，但痛苦遲遲不盡，甘又怎會到來呢？

這幾年，我投入研習咖啡相關的知識，也跟過幾位大師學習「杯測」，深深體驗到感官與嗅覺、味覺的千變萬化。萃取同一批次的咖啡，因為研磨的顆粒大小不同、水的溫度、萃取時間等變數，讓品嘗一杯咖啡時的酸、苦、甘、甜等層次變化也有很大的差異。

酸、苦、甘、甜的風味，彼此堆疊，互相牽引，酸裡帶甜，苦中回甘。身為一位品嘗者，只需要開放自己的感官，容許各種滋味出現與變化，不需要評論、也不要排斥，就能擁有最豐富的享受。

下次面對人生的痛苦時，就當作是正在喝一杯好咖啡吧！

唯有深入痛苦，才能解脱。
逃避或抗拒，只會跟痛苦糾纏更久。

# 走向內在，建立自信

解決外在問題的所有關鍵，都必須先從內在著手。外在的一切，都只是內在的投影。凡是已經繞行外在，遍尋千百度，還找不到答案的，只要回到內在，就會發現你所要追求的解答，盡在心裡的燈火闌珊處。

巴黎，是我的靈魂故鄉。雖然我的身體被世俗的照護與工作綑綁，但我的靈魂卻可以不受限制地朝暮造訪。

幾年前，我曾經排除萬難重返巴黎。距離上一次前往，已相隔二十年之久，感悟人生種種，讓我寫下《每一次出發，都在找回自己》（皇冠出版）。其中有些句子，在網上流傳甚廣。有一位出版界的資深編輯好友，還私下跟我說，這些文字已經成為其他作家，在書寫旅行時的參考樣本。例如以下這一段，跟靈性主題有關，也是我自己非常喜歡的：

**旅行，是透過外界經歷的修行；修行，是心靈深處內在的旅行。每個人都是天生的旅行者，表面上，我們經由旅行去認識世界；實際上，我們透過世界來了解自己。你每往外走出一步，就踏入自己內心更近一步。**

這二十六年來，超過四分之一世紀的時間，因為擔任長期居家照顧者，我無法像其他親友那樣，想去哪裡、就去哪裡，上午去八里，晚上飛巴黎；昨天在東京、明天到北京。大多數日子，都是陪著母親奔波醫院診間，以及自己工作的場域。

於是，我漸漸學會臣服於生命的遭遇，毋需藉由遠行，當下就能走進自己的內在，鍛鍊心靈的自由。我深深知道：

**所有的外在，都是內在的投影。無論我們對外追求什麼，最後是得到或失去；都不如向內探索更深層的自己，明瞭得到或失去的意義。發生於外在的一切，都只是故事的劇情；唯有回到內在的探索，找到詮釋這些事件的角度，鍛鍊靈性的課題，才能連結到更高層的意識。度過重重關卡，獲得層層升級。人生，因此而不虛此行。**

否則，我們只是盲目地追逐名聲與財富，急於用外在世俗的標準來肯定自己，直到精疲力盡。最後，有些人得到自己的追求，有些人得到的是無盡的失落。

有些人為自己慶幸，獲得想要的名利；有些人替自己抱憾，始終沒有獲致和努力對等的結果。但是，以上這兩者，其實都只是一時的幻相。有錢人，有屬於有錢人的煩惱；沒錢的人；也有屬於沒錢人的苦悶。他們面臨外在處境時，或許事件和劇情有所不同；但觸及內在的心境時，煩惱與苦悶的本質，卻都是一樣的。

甚至，有錢、有名、有勢的人，遇到挫折的失落感，還比一般人更強烈一些。他們會更遺憾地覺得：為什麼連我這麼有錢、有名、有勢，還是無法如我所願地掌控這一切？

## 優先處理內在的感受；而不是急著解決外在的問題

心理學講的道理是：我們無法改變環境，但可以改變心境。靈性學的角度，則有些不同。當你能體會到所有外在的功成名就，都無法抵銷內在的傷感失落時，就會同意：

**要先回到內在，才能處理外在。如果你可以回到內在創造心境，那麼，外在的環境就會隨之改變。**

舉例來說，在我所提供心靈諮詢的個案中，常發生類似的情況。因為內在感覺自己不被愛，所以外在吸引到的，都是對自己薄情寡義的人，包括：花心的對象、難搞的同事、不公的上司……。

從前，我已經用了超過一百部作品的內容，提供解決這些世俗問題的建議。很多讀者靠著這些線索，加上自己的努力，在當下克服了艱難的困境。學會辨識渣男（女）的特質，勇敢轉身離開；懂得和難搞的同事劃清界線，勇於爭取自己的尊嚴與權益；知道要與上司溝通談判，獲得應有的福利待遇。

我肯定自己的努力，也嘉許讀者的付出！但是，如果同樣的事件依然層出不窮，像是電腦程式裡的複製、貼上那般，你解決問題的功力愈鍛鍊愈強，難以應付的事件卻如「道高一尺；魔高一丈」那樣地變本加厲。或許，現在就是一個找出源頭、回到內在的時候了。

別再急著解決外在的事件，而是回到內在處理自己，碰到這些事件時的情緒與感受，它刺激到你心中的哪個痛處？哪個弱點？那必定與某個深層的恐懼或慾望有關。你是否能一一辨識出來？然後開始療癒自己曾經感覺不被愛的創傷，重拾愛與勇氣。只要多練習幾次，你終將發現：**放下，是拆解苦惱的過程；謙卑，是去除我執的方法；抽離，是卸除恐懼的良藥。**

每一個衝不破的困境，或許都是一次對自己最溫柔的提醒：別再繼續撞牆了！回頭是岸吧。往內在走去，安撫那個無助焦慮的小孩。並且告訴他：不怕，不怕，你已經長大了！你比你想像的更有智慧，你可以勝任所有的挑戰。

**真正的自信，並非贏得多少來自外在的成功；而是面對人生無常時，內在的無限勇氣所帶給自己的篤定。**

就像我在面對自己工作的高低起伏、或照顧雙親過程中經歷的生老病死，雖然知道無法掌控一切的發展，可以盡如己意；但是我愈來愈知道自己，可以面對各種事實，接納所有可能的發生。

**內在的篤定，永遠比外在的成就，可以帶來更真實的自信。**

這並非要你放棄所有對外在世界的探尋，只坐在家裡閉關修行。其實世俗的經驗與體會，都可以幫助你分辨幻相與實相。你所要做的，是敞開胸懷去經歷世俗的一切，追求你想要得到的所有，無論結果成功或失敗，都不要過於執著。

你要記得兩件事：一、人生遭遇的每一個事件，都只是一次經過，不要緊抓著不放。二、無論走得多麼遙遠，遇到什麼困難，都要保留回到內在的能力，以愛與慈悲，做出正確的選擇。

創造內在，可以改變外在——這是宇宙的真理。

靈魂
練習題

# 從內在的轉變，帶動外在的轉變

## 01

碰到挫折或不順心的事，固然要思考解決的辦法，但同時也要回到內在反省：我的感受是什麼？為什麼我會這樣想？

## 02

所有內在的感受，必定與潛意識有關。包括：童年成長經驗、以及前世的因果業力。請寫下你所想到的、以及你所擔心的事件。

## 03

試著改變這些想法。重新設定一套劇本，創造一個完全不同的情境，然後不要懷疑、也不要抗拒，深深進入那個情境之中，並記憶這份美好的感覺。你將會因此而改變過去，創造嶄新的命運。

[ YouTube ]　[ Podcast ]

# 先信任別人，才會有自信

必須先對別人信任，才會有放手與交付的美好體驗。肉身的渺小與靈魂的偉大，正說明了宇宙的奧秘。當你願意深入其中，盡情發揮自己，接納一切因緣變化，全心全意地託付，就會有盡善盡美的結果。

你在童年時，有過學習腳踏車的經驗嗎？在大人最後一次正式放手的那一刻，你穩定而自在地靠自己的平衡感，終於順利地踩踏出去。

《自信的躍進》（究竟出版）書中提到這個學會騎腳踏車經驗裡，包含三種信任：相信別人，覺得對方選在最好的時機放手；相信自己，感覺自己可以獨立騎車了；相信生命，認為宇宙有無形的力量，會支持自己做好這件事。尤其，人類在嬰幼兒時期是非常脆弱，且需要被保護的，必須能夠先信任別人，才會有自信！

**真正的自信，不是外在的成就，而是內在的篤定。而這樣的信心，來自三個部分。第一個是：相信別人；第二個是：相信自己；第三個是：相信生命。**

這三種信任缺一不可，並需要互相維持在很穩定的平衡狀態。沒有相信自己多一點，也沒有相信別人少一點，對上天的相信，程度也是剛剛好。就像鳥兒優游地飛翔，自在地降落於樹枝。此刻，牠信任樹枝不會突然折斷，信任生命自有安排，信任自己不會失去基本能力以應付無常。

有位女性好友，剛結束六年的感情。這個男人真的有點渣，利用她因為信任而不檢查手機、不過問行蹤的機會，持續和不同的對象劈腿。

在交往的第三年，他們已經分手過一次。而且是小三主動找上門來鬧，逼她這個正宮退位。她成全他們之後，小三消磨完新鮮感，就把男方甩了。男友回來要求復合，她慎重考慮之後答應。

直到第六年的某個深夜，男方的手機忘了關靜音，竟響起另一個女子傳來的曖昧簡訊。他承認「舊戲重演」，她也直接了斷拖棚已久的歹戲，恢復單身。

度過療傷期，閨密好友們都在問：「以後妳還敢相信男人嗎？」她說：「當然啊！沒有信任的愛情，是無法開展的。不過，經過這些歷練，我也相信自己有判斷、以及處理的能力。還有啊，我也相信緣分啦。無論是正緣或孽緣，一切都是最好的安排！」後來，她經由前男友的表妹介紹，遇見真命天子。

多麼熟悉的心靈雞湯金句：「一切都是最好的安排！」但我要認真說，這句話的邏輯若要成立，必須有個前提，那就是上述的三個信任：相信別人、相信自己、相信生命。

正如同：「花若盛開，蝴蝶自來；人若精彩，天自安排」優雅的隨緣自在，來自花要盛開、人要精彩。如果花朵慵懶，不肯綻放，蝴蝶飛過，不會停下來。倘若人平日消極怠惰，活得不夠精采，老天也只能暫時任由他去，忙著幫其他認真努力的人先做安排。

**信任的關係，並非建立在單向的依賴之上，更不容許耍賴。信任宇宙法則，代表你願意遵循，盡力完成自己的本分，再聽候上天的安排，無論最後的結果，是否符合你的期待，你都願意完全接納，而不是自己先不按牌理出牌，投機取巧以致錯失良機，卻又到處責怪。**

## 相信生命會帶給自己的力量，在困境中，還能繼續堅持下去

你不一定要有宗教信仰，但你可以相信宇宙的奧秘。

每一個宗教的論述不盡相同、主張各有千秋，遵循的儀軌也互有差異，

但都無礙於愛的連結。

日昇月落；潮來潮往。無論人心如何善變，四季仍隨時光迭替。當你從日常的喜怒哀樂中抽離，放下功過成敗的罣礙，靜心覺察這個世界無聲地運轉，虔敬的心情就會油然而生。

東方人相信：「惡有惡報，善有善報，不是不報，時候未到」、「舉頭三尺有神明」、「人在做，天在看」聽起來只是民間的警世名言，卻也是宇宙法則運行的邏輯。「種瓜得瓜；種豆得豆」這樣的因果關係，並未因為科技的先進而有所改變。

**信任，是一切豐盛的基礎！也因為信任，我們才能與愛連結，並且保持謙卑。**

**信任，讓我們願意付出；也因為這樣的付出，才能體驗收穫。**

在有安全感的前提下信任，一切比較理所當然。而更困難與珍貴的是，在欠缺安全感的情況下依舊選擇信任。例如，在面臨生死關頭的危機時

信任，是一切豐盛的基礎！也因為信任，
我們才能與愛連結，並且保持謙卑。

刻，把自己的手，交給陌生人牽引；又如，在極度灰心失敗時，仍相信上天的垂愛。

我們可以因為長期的時運不濟，而懷憂喪志，堅持不肯相信這世界還有公理；但，也可以帶著好奇與勇氣，繼續嘗試不同突破困境的方式，並堅信正義遲早會來臨。這一切都是自己的選擇，命運也會因為不同的選擇，而往不同的方向發展。

世間所有的悲劇，都在試煉我們對生命的信任。特別是遭遇到不公不義，內心產生恐懼與憎恨的時刻，如果我們棄守對生命的信任，失去與「高我」的連結，就只能任由無力承擔的「小我」，找到無數的理由，繼續自暴自棄。

反之，假使我們依然信任生命，相信這一切老天自有安排，就能懷抱希望，即使在困惑中，也能擁有前進的力量。

靈魂
練習題

# 藉由大自然環境
# 學習打開信任

## 01

選一處你喜歡的大自然環境，可以是森林、草原、瀑布、溪河、海邊，或是你住家附近的公園。脫去鞋襪，與地面接觸，閉上眼睛，感受自己正在和宇宙連線。

## 02

睜開眼睛，觀察四周環境，瀏覽花草樹木，欣賞日月風雲，看看細微之處，想像它們是怎樣形成的。

## 03

如果你感到驚奇，就記下你對大自然的讚嘆；如果你覺得平凡無奇，就記下這個規則或秩序；如果你完全沒有感覺，就表示你需要更多的休息。過些時日，再重複這三項練習，看是否有不同的體驗。

[ YouTube ]　[ Podcast ]

COLUMN

# 以無畏面對無常

人生，無常。這是我們經常聽見的感嘆！曾閱讀我的其他出版作品、了解我的生平故事、或參加過我演講與課程，可能都聽過我分享的另一種人生態度：**並非人生無常，因為無常才是日常。**

對日子安穩的期待，只是「小我」懶得應變的奢求。我們這一生要學習的課題還很多，所有計畫之外的遭遇，都是一個必須改變的提醒，召喚著**內在堅強的本質。它要你知道：其實，你不是你以為的自己。**

佛學中所講的「五濁惡世」，指的就是：劫濁、見濁、煩惱濁、眾生濁、命濁等五種遮障，令人心生恐懼煩惱，而無法明心見性。

**人生，如果無可避免的是一灘混濁的塵泥；靈性學習的過程，就是一座汙水處理廠，讓你懂得：分辨雜質、澄清真相。**

如果只是害怕，卻不面對處理，還會因此而折損壽命。很多人因為抑鬱

[ YouTube ]

[ Podcast ]

寡歡而生病，也有些人過度壓抑而罹癌。但生病與罹癌，並不是惡意的懲罰，而是溫柔的提醒。關鍵在於，當事人是否能夠認清？

靈魂藉由肉身來到人間，就是為了學習在各種情境中接受挑戰，淨化負面的能量，釋放「限制性信念」，鍛鍊靈性的升級。

真正的自信，不是認為自己有多麼厲害，而是相信自己可以面對無常。無常所帶來的困境，正是一個覺醒的機會。因此，我們要感謝無常、感謝困境，這一切的逆襲，都是為了讓自己活得更清醒。

當一個人已經在功課、感情、婚姻、健康、金錢、事業上遭遇逆境，甚至走到山窮水盡，就代表鬧鐘已經響起，不能再繼續蒙頭大睡。與其一直擔心世事難料，不如早一點學會：以無畏面對無常。無畏，不是愚勇蠻幹，是當下就能完全接納的臣服。然後，在解決問題中，累積技能，習得智慧。

# 以感恩終止輪迴

靈魂依靠肉身的輪迴，得到改版升級的機會；但肉身不宜再繼續輪迴於相同的劇本裡，重複一樣的挫折與悲劇。學習以感恩的心，不再抱怨，就能藉由主動改變對話、改變劇情，而創造出新的命運。

人生，就像傳統電視的八點檔連續劇。只是不斷更換劇名、背景、角色、戲服、故事、情節，但，所有的愛恨情仇都是一樣的。當我們是觀眾時，通常會有兩種反應：一種是過度當真，而入戲太深，把自己在現實生活中的渴望和缺憾，都投射在其中；另一種則是厭煩重複，不斷轉台，但看來看去，還是覺得每一齣戲都差不多。

**你今生碰到的人，幾乎前世也都遇見過了。沒有什麼新的角色，除非你已經修完跟這個人的功課。有恩報恩，有仇報仇。你這輩子看不順眼的人，上輩子已經結下樑子。這一生，你想對他好的人；前一世，他與你也是情深義重。**

那為什麼我們還要生生世世地重返人間，繼續糾纏呢？因為，彼此還有尚未做完的功課。而且，在出生之前，都相互應允對方，要如實扮演劇本中的角色。

即使如此，你也不用太過於悲觀，宿命地認為所有的悲劇，注定要重演一次。別忘了，每個當下，你都有重新做出選擇的機會。只不過大部分的人，沒有深入修行靈性的功課，所以習慣性地落入「我執」的模式，也就是自動駕駛狀態，直接跳過改變命運，以及創造自己的機會。

剛剛提到的兩種反應，都是自動駕駛模式的結果。前者「過度當真，入戲太深」，就是被情緒牽著走；後者「厭煩重複，不斷轉台」，就是逃避面對，周而復始。

以上班族為例，有一種人很不滿意工作的狀況，同事推卸責任，主管惡意刁難，自己滿腹委屈，別人卻在同一部門做到退休。另一種人則是想要透過跳槽來轉換環境，但不論到哪家公司，碰到的問題都一樣。

在感情中類似的例子也很多，不斷被劈腿、被詐騙、被辜負的人，如果只會感嘆自己命運坎坷，而沒有透過覺察，重新做出選擇，通常就會重蹈覆轍。

有過這些經驗的學員問我：「那我從此單身，不談戀愛總可以吧？」或許，保持單身會跳過被劈腿、被詐騙、被辜負的劇情，但為了防衛保護而讓自己處於孤獨的狀態，依然很不快樂。那種恐懼、憤怒與不被愛的情緒，都是相同的。

究竟要怎樣做，才能跳脫這個既定的劇本，終止命運的輪迴呢？

初階版的答案是：改變。我最常提供的解答是：做相反的自己。如果你過去總是習慣性不假思索地向左轉，這次不妨換個方向，選擇向右轉的路，或許，會有不同的結果。例如你之前碰到委屈，就找人抱怨訴苦，現在你可以試試別的方法，出去運動一下，或找專家請教處理問題的方法；你以往若固執於堅持己見，這次就聽聽好友的建議看看。

**若不滿意現狀，就不要再延續既有的軌跡；如果你想要到達不同的目的地，就要換一個方向出發。**

假使你的積習已深，很難透過改變來修正，你可能需要更進階版的建議：創造。也就是整個打掉重練。不要再將就於過去的自己，沿襲既有的思維，你需要更大膽地重新開始，把一切歸零。

既然不喜歡現在的自己、或是遲遲找不到自己，那就暫時不要做自己，找個值得關心、也願意接受幫忙的對象，沒有期待、也不求回報地對他付出。訓練自己從無私無我中重新出發，反而有機會在滿足別人的需要上，為自己建立全新的價值。

## 練習感恩，就是調校共振的頻率；為自己在相似劇本裡，終結流浪的旅程

無論之前碰過多大的艱難、遭遇多少的坎坷，若要徹底揮別過去，不再受困於習性，走出往昔的陰影，每個人都有一把具有最大能量的尚方寶劍，就是：感恩。

**感恩，是最接近宇宙共振的頻率，也是接通「高我」的萬用密碼。在你真心感恩的當下，就自動啟動天線、打開幸運之門。你將踏上療癒的旅程，看見自己超乎想像的驚人力量。**

這裡講的感恩，不是用嘴巴或在心裡說聲「謝謝！」的那種無動於衷，而是真誠地發自內在，並感受到有所悸動的頻率，它會刺激你的大腦分泌喜悅的化學物質，並發射微微的善意，在你全身流動。如果你真心感謝過一個人、或一件事，你會很明白這種感受。

曾經有心靈諮詢的個案提出：「我知道要感恩啊，但這很難。我真的想不出來，有哪些人、或哪些事，值得我感謝。如果我過去所遇到的，都是很糟糕的經驗，我要怎麼感謝？」

其實值得感謝的人與事，很普遍地存在於你的身旁，只要你願意，一定可以發現。如以下五個對象：

一、傷害過你的人或事：是這些痛苦的歷練，提醒你要終止輪迴。
二、幫助過你的人或事：是那些支持的經驗，讓你可以走過幽谷。
三、你曾經幫助過的人：是他願意接受，你的善意才能順利付出。
四、曾做對決定的自己：是這些決定，讓你對自己可以更有信心。
五、曾做錯選擇的自己：是那些錯誤，讓你學會教訓，有所警惕。

因為靈魂鍛鍊的需求，我們每一世都有機會藉由不同的肉身重返地球，接受種種的磨難與考驗。但若每一次都可以通過考驗，就不必重複一樣的功課，可以進階到下一個版本，提升到另一個層次。

換句話說，肉身可以帶著鍛鍊靈魂的使命輪迴，但可以不必在輪迴中經歷同樣的痛苦與磨難。

就像小學生從一年級開始學習，每年都有不同進階的課業。放過暑假之後，重新開學，就要升上二年級，不應該繼續留在一年級，繼續做從前的功課。但靈性的課業，沒有固定的時間、特別的學制，每個人的課題都是為自己量身訂製的，考試沒通過，就會不斷補考，這一輩子還沒通過，只好下一輩子再來重修。

而不論考試成績如何，盡了努力之後，虛心接納所有的結果，感恩一切，就有更多的機會，放下我執，重拾謙卑，開始新的學習。

靈魂
練習題

## 跳脫重複的劇本設定，創造新的可能

### 01

挑出一、兩件令你印象深刻的挫折、或影響你很大的情境，以說故事方式，寫下這事件的劇本大綱。

### 02

個別分析每一個事件的前因後果，再相互比較一下，看看是否有相似或雷同之處。例如，被分手、被辭職，都是被動地離開一段關係或一份工作，其中隱含著被辜負的課題。

### 03

歸納出其中的課題，期勉自己能在下一次面對相同的問題時，做出不一樣的選擇。

[ YouTube ]　[ Podcast ]

輯五

# 疼惜自己

每個人都是靈魂的勇士，用這一生來學習所有該面對的功課。

然後，回到圓滿的當下。

*——李爾納．杰克伯森（Leonard Jacobson）*

# 真正的獨立是保持連結

訓練自己能夠獨立，是必要的。提醒自己：不要因為獨立，而變得孤立，則更為重要。追求獨立的動機，並非基於恐懼或逃避與人連結，而是為了每次遭遇苦難的時候，都能讓自己陪伴對方，與愛連結。

進入靈性學習的領域，的確是要能耐得住寂寞。至於受得了孤獨的「受」字，就有不同的解釋，究竟會是「享受」或是「忍受」，就看各自的體會了。

你可以觀察到很多內觀的課程，都需要七至十天，甚至更長的時間，以遠離塵囂、與世隔絕。即使身邊有共同修習的同學，主辦單位會要求你禁語，而且不能使用手機與網路。

**既然是要往內心深處走去，就要能夠獨自前行；即使你有再好的導師，也只能給你引導，不能全程陪伴你，更無法代替你。**

所以，能夠獨立，是非常重要的。

像我這樣習慣孤獨，甚至到有點孤僻的人，自我修行相對是比較容易的事情。從我特別喜歡的運動項目：游泳與慢跑，就可以看出，我不只享受一個人的自在，也鍾愛一個人的自由。這樣的生活與學習，都不必呼朋引伴，不用配合大家。既沒有牽絆、也不必討好，當然就更不用委曲求全。

以現代人最常見的人際關係困擾來看，能夠具備獨立能力而離群索居，是多美妙的事情啊！但，這其實並不是最絕對單一的人際關係模式。無論是現實生活的面向，或是靈性學習的層次，過於孤僻到失去與人連結的能力，絕對不會是好事。

宇宙中所有的光與愛，都是互相連結的。雖然人類被各自的肉身隔開；

但靈魂深處的光與愛，都是相連相繫的。肉身的阻隔，只是要我們學習體驗，靈魂與肉身分開時的「小我」，充滿恐懼與擔心，唯有當感受到與「高我」連結、與愛連結的時候，才會有真正的安全感，而那也是內在最真實的力量。

**向內學習與探索的最佳狀態應該是：讓自己可以隨時享受於獨立，但不永遠侷限在孤立。**

**真正的獨立，是能夠保持連結。包括：讓「小我」和「高我」保持連結；也讓「自己」和「別人」保持連結。**

獨立，與自私自利，是截然不同的意義。

我們存活於這個世界，根本不可能獨善其身。從產業的分工愈來愈細，光是生產一支手機，從設計、零件、到組裝，需要多少跨國的企業合作，就可以看出：若要共同成就一件偉大的事情，愈需要更多人的幫忙。

在工作崗位上，能夠個別獨立作業的最大善意，是不會給別人添麻煩，但不代表我們不樂意為別人提供協助。

最近這幾年來，可能是人與人之間的互動頻繁，而多數人急著向外擴充自己、爭取資源。眼中只有對自己目標的追求，因為急功近利而自顧不暇，變得比較不能同理他人的想法，也不願意體貼別人的需求。

很顯然地，這是「小我」基於匱乏，所僅能展現的招式。

由於大家都只顧自己，彼此像刺蝟那樣互相摩擦，惡性循環的結果是很多人的精神壓力或情緒憂鬱，都來自無法解開的人際關係糾結。

當這些飽受困擾的朋友，求助於心理諮商專家，通常得到的建議，就是：「劃清人我界線」。

從心理學的角度來看，這其實是一個很不錯的忠告。它在靈性上真正的意義是：只要對自己負責，不要把別人的業力全部扛在肩上。

但因為多數求助於心理師的個案，對靈性學習的涉獵不夠深，所以常把「劃清人我界線」誤解為：為了不讓自己受到委屈，因此絕對不可以讓別人占便宜。

然而，這又是「小我」的見解；「高我」可能不這麼認為。

## 此生吃虧、被占便宜、被傷害，有可能是用來平衡前世的業力

生命的劇本背後，有很詳細而精密的設計工程。從事件表面所引發的情緒或感受，尤其是那些看似負面的際遇，像是：恐懼、憤怒、悲傷……未必完全都是不好的影響，因為它有可能是在為彼此的能量做轉換、或平衡。

當你以自己對心理學的粗淺認知來解讀「劃清人我界線」，或許得到的概念是保護防衛性的意義：不讓別人占便宜。但從靈性學習的角度來看，你有可能因此而失去一次平衡能量的機會。

問題是，在和別人發生摩擦碰撞的當下，你能否立刻有這樣的覺知呢？如果有的話，你會重新做選擇嗎？倘若你選擇成全對方所要的結果，讓自己退讓一步、損失一些，你還會覺得委屈、還會有所抱怨嗎？或是，你

覺得是趁機還了前世欠對方的債務，彼此完成一次能量平衡，此後互不相欠。如同那句老話：「人情留一線，日後好相見。」

又假若你發生的是更嚴重的衝撞，對方危及你的身家性命，傷害你所愛的人，交付法律判決之後，無論結果如何，你還能從中意識到這是一次彼此能量的平衡嗎？如果是的話，為什麼要用這麼殘忍的方式進行平衡？

坦白說，我並不知道；如果我知道，也不能說破這件事。我只能陪你回顧靈性學習最初階的課程所教導的：不要評論。無論遭遇多慘烈、多不好的事件，如果暫時參不透它的意義，就先不要評論。

我知道：那感覺很痛！要接納、要臣服，都很不容易。但為了完成靈魂鍛鍊的課題，我們要試著努力。

**愈深刻、漫長的傷痛，愈能勾起我們愈厚實、愈恆久的慈悲。我們之所以不論斷這個傷痛，是因為背後可能隱含很多自己並不瞭解的業力。但我們願意選擇相信宇宙法則，放心地將自己交付給愛的洪流。**

我的母親在病榻上，度過超過四分之一世紀的時間。兩次中風、一次全身遠端轉移蔓延的癌症、持續每下愈況的老化，她無論醒著、睡著，都因為身體的痛楚而頻頻發出哀嚎，我日夜為她按摩，她常問我：「為什麼這麼痛苦？」我不知道答案。除非本人願意探究學習，否則任何人都難以解說別人的前世，曾經歷過哪些細節。但我深深知道，她正在用肉身的痛苦，喚醒我內心深處的慈悲。

靈魂
練習題

# 檢測自己是否獨立
# 又能與他人連結

## 01

評估自己在經濟、情感、生活、行動、心智等各方面，是否足夠獨立？

## 02

再看看自己直向與橫向的連結，到達什麼程度？直向的連結，是你每天靜心的次數、放下恐懼與匱乏的次數、選擇愛與慈悲的次數；橫向的連結，則是你與親友、或陌生人互動的關聯度。

## 03

無論目前的狀況如何，請繼續培養自己的直向連結、與橫向連結，包括：深度與廣度，並定期評估自己是不是愈來愈有進步？

[ YouTube ]　　[ Podcast ]

# 療癒過往的傷痛

事件與傷痛，是你游經湖面的樹木與倒影。它們確實曾經發生、相互依存，但你是一位勇敢的泳者，只須輕輕泅泳而過，不必停留。更不要試著截取一段木頭、或抓住一片倒影。你只需在上岸後，微笑揮手。

當我們聊起過往的傷痛，就彷彿那些傷痛從來沒有成為過去。儘管那些傷痛來自已是昔日的事件，但是傷痛卻成為現在自己的一部分。事件，是過去式；傷痛，是現在進行式。無論是發生距離現在多少年的陳年舊事，留在心裡的創傷所造成的痛苦，並沒有隨著時間而遠離。

過往的傷痛，為什麼到現在還存在？那是因為我們從未放下。如果你一直還在為已經發生的往事感到痛苦萬分，表示你還活在過去，而不是活在當下。

**關於過往的傷痛，時間從來不是解藥。唯有願意放手，才能治療。如果你有過一些傷痛，是因為時間遠去而療癒，並非時間真正為你做了什麼，而是時間一久你自己也累了，終於鬆開緊握傷痛的手。此刻，你終於明白：抓著傷痛愈緊，感受就愈深刻。原來，是自己賦予傷痛力量，傷痛才能產生作用與影響。**

至於那些傷痛，究竟是從何而來？它們又是怎麼被留下的？最根本的源頭，當然是與前世業力有關，而它以具體的事件，一一呈現在每個人童年的成長經驗中。不同的父母，可能有程度輕重不一的偏心、疏忽、憂鬱、情緒失控、肢體暴力、知識欠缺、經濟匱乏、婚變化、智能不足、病痛纏身、人格扭曲等問題，導致不當的養育和管教，讓孩子覺得自己不被愛。

這份因為沒有被善待而感覺不被愛的恐懼，將深深烙印在孩子的心底。隨著時間的推移，陰影累積得愈大愈深，肯定會影響日後的人生價值觀，因此對人際關係與生涯發展，都造成很大的傷害。

有一個心靈諮詢的個案，從高中開始半工半讀，畢業出社會之後，正職之外還兼了三份差事。她擁有聰明才智，本身也非常努力，這麼認真賺錢，應該經濟狀況不錯，可以過很富足的生活了吧？可惜，並沒有。她除了養活自己，還協助原生家庭的經濟開銷，並且熱中投資股票，收穫利潤之後，開始玩期貨。每次獲利一筆錢，就會因為種種原因，而花費掉這一筆錢，甚至透支，所以她要更努力且積極地想辦法賺錢。

即使你沒學過諮商技巧，故事看到這邊，多少也能猜得到，她的金錢能量出了問題。經過她本人的多次回溯，並回家向父母求證，終於回憶起大約三歲的時候，曾目睹暴力討債集團上門，要索取父親積欠的債務，而破壞家中物品的畫面。這個因為缺錢而感覺被不被愛的恐懼，雖然促成她對賺錢的動機和興趣，也植入了和金錢有關的錯誤程式，讓她無論多麼盡力賺錢，都還是會活在缺錢的恐懼中——因為她習慣這種氛圍。對她而言，那是一個痛苦的舒適圈。雖然痛苦，但很習慣。那是一份令她感到熟悉的不安，若離開這個痛苦的舒適圈，她會懷疑自己是否還有駕馭的能力。

以上只是一個與金錢相關的例子；其他像是與親情、感情、成績、工作有關的實例，多到不勝枚舉。看起來，好像都是這個邏輯：傷痛，剛開始是被別人創造出來，但最後是被自己累積下來。然而，從靈性的角度思考，就會有全然不同的解釋：

**看似由別人製造出來的傷痛，其實是彼此共同創造的劇本。每個事件發生，都在等待自己用更具有覺察能力的方式回應。我們可以學會重新詮釋這個事件的意義，用愛與寬恕的力量，療癒創傷與痛苦，而不是依循匱乏的恐懼，沿用別人的錯誤，繼續懲罰自己。**

而有些人的創傷經驗，是非常複雜而且悲慘的，那些痛苦巨大到令旁人都無法直視，當事人通常選擇深埋或逃避，於是個性變得冷漠陰暗。這些朋友必須靠自己勇於求助，或是下定決心自助，並且用對方法才能走出陰霾。在他們尚未進行療癒之前，所有的傷痛，以及因為傷痛而放大恐懼，都是情有可原的。

## 用成熟的內在父母，安撫不安的內在小孩

因為從事療癒的工作，我經常收到委託的個案，都是來自當事人熱心的朋友、或看不下去的家人。那個某某某怎樣，請問我要如何改變他？

這些需求的背後，都隱藏著改變對方的企圖。而所有的改變與創造，若要能夠奏效，關鍵都在於當事人自己本身的意願。否則，無可諱言地，試著改變對方的企圖中，其實也置入了親友們自私的盼望：他能不能正常一點，減少大家的麻煩？

如果求助心靈諮詢的動機如此，就表示親友是從恐懼的出發點（這又是

「小我」的伎倆），而不是真正的愛（這才是「高我」的旨意）。

**從愛的觀點出發，面對正在經歷重大傷痛的人，身邊親友所能做的最大努力、所能提供的最佳協助，就是不加以評論的支持，陪伴對方走過生命的幽谷。或許需要花費很長的時間、付出很大的心力，但必須是這樣，才能算是真正的慈悲、真正的愛。而那也就等於是在陪伴自己、愛自己。因為，無論是親友或陌生人，我們的源頭都是相連在一起的。**

而這份支持與陪伴，往往是無聲勝有聲的默默付出。如果你真不知道要說什麼，就請你什麼也不用說。像是：「加油喔！」、「你要趕快好起來！」都是欠缺同理的語言，徒然畫蛇添足，效果適得其反，會讓正在經歷傷痛的人，感受到彼此之間的落差，甚至感覺自己已經變成別人的負擔。

其實，只要得到足夠的支持與陪伴，當事人也有機會靠自己的力量療癒過往的傷痛。如果你正在經歷這些痛苦，也可以學著自己照顧自己。

**每個人的心中，都有一個不安的內在小孩。而最好的支持與陪伴，就是化身為成熟的內在父母，去照顧安撫這個被恐懼圍繞的內在小孩。**

你可以對自己的內在小孩說：「我知道你過去遭遇過很多不當的對待；但你已經長大了，有能力接受與承擔，從現在開始，換我照顧你吧，讓我們開始善待自己！」

靈魂
練習題

# 回溯傷痛的根源，
# 療癒內在小孩

## 01

條列出你至今仍感到傷痛的事件，如果超過一件，可以先挑選嚴重程度比較明顯、或影響你比較深刻的兩到三件事情。

## 02

試著自我解析，它們跟你的童年成長經驗有沒有任何關聯？即使你想不出其中的直接關聯性，只要有聯想起一些畫面，都請你記錄下來。

## 03

想像你回到那個童年的畫面，對自己說：「現在的你已經長大了，請好好善待自己！」

[ YouTube ]　[ Podcast ]

每個人的心中，都有一個不安的內在小孩。
而最好的支持與陪伴，就是化身為成熟的內在父母，
去照顧安撫這個被恐懼圍繞的內在小孩。

# 體諒父母，與自己和解

[ YouTube ]

[ Podcast ]

在「吳若權幸福書房」頻道，有一支點閱率極高的影片，封面標題是：「為什麼我們不欠父母」，取材自《為什麼我們不欠父母》（商周出版）這本書。作者芭芭拉・布萊許（Barbara Bleisch）居住在瑞士，以德文寫下這本書，讓東方讀者都同感詫異：原來，連西方社會都有如何盡孝的困擾。

無論是這本書或這支影片，包括標題和內容，都以十分中性的立場在討論熟年之後的親子關係，並沒有反對子女對父母盡孝，結論是必須以愛為出發點，而不是基於責任，也不是為了義務。這明明是理性，又不失溫暖的提醒，卻引來很多只看標題就刺激內在恐懼的讀者與觀眾，留下許多類似酸民的攻擊意見，當然也有很多用心閱聽的讀者與觀眾，支持書中的觀點，並給予肯定與鼓勵。

基於身心療癒的需求，我在推薦這本書與影片的同時，期待朋友們回溯自己的成長故事，看見父母的力有未逮，進而體諒他們當時的無能為力。即使他們有意或無意做出傷害你身體或心理的事情，也要學著寬恕與放下。或許「天下無不是的父母」這句話，未必是正確的，但每個世代確實都存在各自的苦衷。學習體諒父母，可以與自己和解。

有一個說法是：子女比較無辜。因為父母有機會決定要不要生養孩子；孩子卻永遠無法選擇父母。可是，若從靈性學習的立場解讀，就完全不是這樣的邏輯。

根據《靈魂的出生前計劃》（方智出版）書中所述，我們這一生會和誰相遇、發生什麼大事、遭逢什麼關卡，其實都是自己在出生前便計畫好的。所以，我們也極有可能在出生前，就已經和父母的靈魂共同創作了此生的靈魂劇本。今生，令你感到不滿或遺憾的父母言行，只是依照之前的約定，恰如其分的如實扮演他們的角色而已。

若願意接受這個理論的話，會有個好處是：不再把自我成長的責任歸咎給父母，將所有可以改變命運的關鍵都掌握在自己手裡，而且責無旁貸。

# 別再過度努力了

適度努力，是很好的人生態度！過度努力，會帶來心理的壓力，並導致能量的堵塞。問題不是出在努力的程度，而是努力的動機。必須將出自於恐懼與匱乏的動機，轉變為滿足與感謝，努力才有效果、也才有意義。

在科技公司服務的那幾年，我負責的是行銷業務方面的工作，經常要跟跨國性的廣告公司合作。公司為了讓彼此共事更有效益，經常花費巨額成本送我們出國受訓。能有機會向國外大師學習與廣告相關的專業知識，也很幸運碰到靈性學養豐富的專家，融合廣告與靈性，帶來深刻的啟發。

而蘇菲是其中令我印象深刻的老師，她提到：

**負面訴求的廣告，確實可以因為標題聳動或視覺壓力，在短期間內引起受眾注意，產生刺激的效果，但對於品牌形象而言，未必是好事。相對之下，正面訴求的廣告，比較能同時傳遞品牌的理念，與消費者一起散播愛與希望。**

舉例來說，如果你正在為受虐兒照顧基金募款，負面的廣告訴求，很可能像是：「因為經費短缺，他們極可能被凌虐致死！」搭配兒童傷痕累累的寫實照片；而正面的廣告訴求，很可能是「你只要捐獻一點點錢，他們就能擁有身心健康的笑容。」配圖是一群孩子歡樂的照片。你會選哪一個？

以短期的廣告效果來說，負面訴求比較立竿見影，但除了對基金會長期的品牌印象有所扭曲之外，也很容易對受虐兒貼上標籤。

身為被封為心靈雞湯型的作者，你一定可以從我過去所出版超過一百本的作品書名，發現內容幾乎都是採正面訴求的方式寫作，但這篇談「過度努力」觀念的文章，我卻刻意讓篇名以「負負得正」的方式呈現。

原因有二：一是我本身就是一個典型「過度努力」的人。從前在科技公司上班，每天工作加班超過十六小時；離開職場成為居家照顧者，每天只睡五小時。我可以說是「過度努力」的最佳代言人。

二是因為密集而積極地進入靈性學習領域之後的我，漸漸體驗到放鬆的重要性。尤其這一、兩年來，我可以感覺自己像是一條快要蛻去外皮的蛇，逐漸去除之前的積習與執念。我正在用自己的節奏與方式，揮別「過度努力」的生活與工作模式。

換一個方式來解釋，當「小我」逐漸連通「高我」，內在的頻率開始發生變化，很自然地就會發現「過度努力」並不適合真正的自己。我可以很清楚而明確地認知到：

**「過度努力」，是潛意識深層的恐懼作祟，所有努力的動機，都是基於匱乏的不安，覺得自己不那麼拼命，就會輸得一敗塗地。**

尤其當有一天，我知道自己並非為了追求成功而努力，竟是為了害怕失敗才衝刺，依靠的不是真正的才情，而是腎上腺素。從這一刻開始，我才恍然大悟決心要回過頭來，好好地疼惜自己。

## 在有安全感與愛的前提下努力，不再把自律變成自虐

幾年前，我到中國大陸報考心理諮詢師的證照。途中經歷一些靈異事件，因而認識一個具有通靈能力的朋友。回台灣之後，我們仍保持聯絡。她很有慈悲心，也很照顧我。經常發訊息給我，說菩薩希望我怎麼做。

由於她提點的很多事情，當時並沒有任何蛛絲馬跡，事後卻都一一驗證。所以，我除了感恩，也感到疑惑：「為什麼菩薩不直接告訴我？而要勞駕妳來跟我說？」我問過她幾次，她始終笑而不語。但不知為什麼，後來我每問一次，便習慣性地等她笑而不語，對話停頓的片刻，心海就傳來

一陣浪濤，浮現這句話：「因為你都忙得團團轉，沒有時間聽我說。」明明是沒有聲響的一句話，力道卻是如雷貫耳。讓我在瞬間頓悟：

**所有靈魂的對話，都必須在最放鬆的狀態，才能被自己聽見！**

於是，我開始學習適度努力，而不過度努力。試著摸索「量力而為」與「盡力就好」的平衡點。

在《打破人生幻鏡的四個約定》（柿子文化出版）書中，我看到一則小故事。大意是說：從前，有個男人前往寺廟向大師請教，他提問：「如果我每天都打坐四小時，要多久才能離苦得樂？」大師回答：「如果每天打坐四小時，或許十年後就可以離苦得樂。」

男人想讓自己更努力一些，於是再問：「那如果我每天都打坐八小時，那多久以後就能離苦得樂呢？」大師回答：「如果你每天都打坐八小時，那你可能要二十年後才能離苦得樂。」

為什麼打坐時間愈久，要達到目標所花的時間卻反而愈多呢？大師勸勉他：「你來這裡，不是為了放棄心中的喜悅或生活，你是為了要享受生活、做一個快樂的人，並且關愛眾生。」

這個小故事帶給一直過度努力的我，近乎震撼教育的啟發。讓我發現，平日大家很欽佩我非常「自律」的性格，其實根本就是「自虐」，那是因為過去的我，太欠缺安全感所致。

**「自律」與「自虐」之間的差異，原來就是：在努力的過程中，自己是否覺得安心，而且快樂；在為對別人付出的時候，是否甘心，而且喜悅。**

現在的我，漸漸懂得疼惜自己。我和過去一樣，努力工作、照顧家人。從孜孜不倦的「盡力而為」，轉變為適可而止的「盡力就好」。不再因為必須咬緊牙關，而顯得面目猙獰，懂得用優雅的姿態，繼續人生充滿愛與被愛的旅程。

回想起來，真的覺得自己很傻。從小到大，每次去寺廟拜拜，向菩薩許願的時候，我都會自動加入很多嚴苛的戒律，跟菩薩交換條件，雖然事後菩薩確實都應允，讓我體會到「有求必應」的慈悲，但以現在的眼光看來，我實在太過度折磨自己了，想必連菩薩都很心疼吧！因為最近我常聽見祂說：「我很愛你。你要好好疼惜自己。」

正是這一份被愛的感動，讓我學著釋放自己，活出真正的自在與自由。

靈魂
練習題

# 給自己的人生留點餘裕

## 01

檢視你的行事曆，對照一下工作與休閒時間的比例。理想狀況是1：1，但因為每個人所處的階段不同，未必都要如此均等，不過也不要過於懸殊喔。

## 02

如果發現自己像個拼命三郎，全力以赴地工作，幾乎都沒有休息，請務必及早調整過來。至少可以先設定一段時間的目標，達成後就放自己一個長假。

## 03

深刻去體驗「完全放空」的感覺。剛開始可能有點不習慣，但要讓自己慢慢適應。

[ YouTube ]　[ Podcast ]

COLUMN

# 最省力法則

[ YouTube ]

[ Podcast ]

我從小就受到一些必須努力的觀念影響，諸如：「一分耕耘，一分收穫」、「勤能補拙」、「天下沒有白吃的午餐」等，對於成功所要付出的代價，總是非常敬畏。

少年時期，學業成績跟不上，有時候明明知道要努力，但沒有真正做到，一連串的失敗挫折，只覺得自己罪有應得。即使身邊出現過一些很會玩、也很會讀書的同學或朋友，很明顯就是「事半功倍」的典範，我都不曾興起「見賢思齊」的念頭，而是直接說服自己沒那個資質，就別羨慕他了。現在想來，這就是一種自我懲罰的概念。

因為實在太害怕失敗了，長大成人之後的我，為避免再繼續重蹈覆轍，我一直有過度努力的傾向。即使知道自己要做出改變，也只進步到「努力，還要用對力」這些執行層面的方法論中。直到最近這些年來，把靈性學習的觀念融會貫通，才發現從前累積很久的觀念，乃至培養出來的習性，都逐步形成一種「限制性信念」，讓自己的潛意識相信：努力，不一定會成功；成功，一定要很努力。

其實，真實的情況未必是這樣的。若要修正得精準一點，比較正確的說法是：**成功，只要適度努力就好。盡了該有的努力之後，就放鬆心情，不要患得患失，這樣反而更容易成功。**

《人生成敗的靈性7法》（柿子文化出版）書中提到「最省力法則」，這是來自古老的印度哲學，認為「做得更少，成就更好」。其中還提到所有大自然的運作，都是毫不費力，而且充滿直覺的。樹木朝向天空伸展，花朵迎向陽光綻放，它們只是很自在地順勢而為，並沒有嘔心瀝血。

尤其當我們的成就動機，**是被愛引發，而不是自私自利，符合大自然運作的頻率，靈性就會引導我們走向豐盈，創造幸福。**即使過程中有挫折與失敗，能量也會被轉化成進化與富足。只要保持開放與輕鬆，便能得到原本就屬於自己的成功。

# 相信自己是被愛的

愛自己的前提，必須先相信自己是被愛的。或許你有很多不被愛的經驗，但那些都只是妄念與幻相。無論陽光燦爛或雲雨飄飛，想流淚時，只要抬頭仰望天空，就能發現自己並不孤獨。當全世界的人都背棄你，至少生命依然愛你。

從早產五十八天的那一刻開始，彷彿就注定自己沒有甜美安逸的童年。求學與成長過程並不平順，出社會工作沒有幾年，便遭遇母親病倒、父親離世，因而放棄全職工作，成為居家照顧者。無論賺取經濟收入、維持生活日常、陪伴長輩就醫、工作執行聯絡，都必須靠自己去突破萬難。

這二十幾年來，已經辛苦到不知道是怎樣熬過來的。每天在醫院、電台、工作地點來回奔波，無止境地忙碌著。我幾乎沒有任何私人約會，朋友常抱怨我很難約，也很少進入戲院好好看過一部自己想看的電影，偶爾與客戶或朋友吃一頓餐飯，都要頻頻留意手機，怕錯過家裡有突發狀況。

人生很難，但我發現：

**人生所有的困難，都是為了揭示自己的不簡單，也鍛鍊自己更堅強。在度過艱苦的過程中，有太多的委屈、太多的跡象，可以讓我們懷疑自己是不被愛的；但是，當你挺過去、熬過來，就會發現：不被愛只是一個短暫的幻相，它出現的目的是為了要提醒：這是一個需要自己拿出愛與勇氣，才能通過的考驗。**

尤其，母親罹癌住院長期治療，以及出院後陪她進到癌症日照中心的那段日子，每一天、每一刻，我都忙到手足無措，好幾次中午衝出醫院，到附近買完便當，回到病房餵食母親吃完飯，突然覺得自己好像變成了三頭六臂的無敵鐵金剛。三不五時，還要面對親友或手足，因為無法抽空幫忙照顧又不瞭解病情的疑問……。

很多朋友問：「你這樣出錢出力，所有重擔都丟給你，怎能做到不抱怨呢？」其實，我是沒時間抱怨啊！等到這個問題被多次提出的時候，我才發現每次該抱怨的時候，那些責備的話，都在瞬間變成對自己的誇讚。

母親罹癌後的五年以來，我最常對自己說的話，就是：「耶，你真的好棒！」、「啊，你超堅強！」、「嗯，你確實很有本事！」有時候，是歡喜雀躍地讚嘆自己；有時候，是閃爍淚光地安慰自己；有時候，是抒發委屈地鼓勵自己。

居家照顧者的無助與孤獨，沒有類似經驗的人是不會了解的。尤其當你的手足與親友，無法如你所期望地伸出援手，而只會隔岸觀火下指導棋時，確實是會把人逼上崩潰的邊緣。

有一次，我開車載送親友到郊外散心透氣。從來沒幫忙推過輪椅的一位親戚，出於好意的關心說：「輪椅為什麼不買好一點的？」我當下知道他誤會了。因為我選用的是最新技術的材質與結構，採用的是以碳纖維複合材料製作，具有質量輕、強度高、耐腐蝕、減震性能好等特性，他感覺比想像中的輕，就以為是便宜貨。

原本情緒是被堆疊到足以來一次火山爆發的，但當場我沒有發作。習得靈性的功課，我提醒自己，要成為一位觀察者。於是發現他的這一番誤解，刺激到我心中對於照顧辛勞的軟弱，根本無關於事實是什麼，我也無須辯解太多。

心中最初始的旁白是：「你那麼會喔，去買一台輪椅來啊！」但立刻另一個更強大的自己轉譯為：「我選這台，已經是店裡最好的輪椅了。」就不再解釋，讓一切雲淡風輕。因為我知道，對方只是想表達一份關心而已。

## 主動搜尋被愛的證明；不被愛就只是一個妄念

或許，你也有跟我類似的委屈，明明自己已經付出那麼多心力，得到的卻都是風涼話。但是，只要你願意靜下心來，仔細想想，就會發現：自己並沒有真正遭遇到眾叛親離，那不過是少數一些人違逆你的心意罷了。

感覺自己不被愛的時候，你可以像我一樣，用心去搜尋被愛的證明。儘管媽媽已經病老到對自己、對身體無能為力，她還是很關心我有沒有吃飽？書賣得好不好？姊姊也常準備美食，回來慰勞我。

某一個夜裡，我在網路上收到一位未曾謀面的法鼓山師姐留言：「我知道你很忙，請讓我找一天接送令堂來參加本院的活動，你也可以趁此機會放一天假，好好休息。」這是一位陌生人的貼心，是我不曾主動向手足提出的請求，卻是我真切渴望的喘息。雖然，我因為不好意思麻煩對方，尚未真正付諸實行；但我已經在內心深處，接受了她的這番好意。

**即使在最孤立無援的時候，依然可以相信自己是被愛的。有時候，是來自陌生人的關心鼓勵；有時候，是因為大自然的啟示。雨過之後，天會放晴。**

**陽光普照大地，雨露滋養眾生，宇宙的愛，從不曾遺漏掉任何一個人。當然，也包括正感覺失意落寞的自己。**

《讓愛自己變成好習慣》（采實文化出版）書中提到一個很實用的觀念：當你覺得自己經很努力，卻依然陷入痛苦之中，除了不斷重複地說：「愛自己！」你還可以換個說法，對自己說：「人生愛我。」

如果你相信上帝，你可以把「人生」兩個字換成「上帝」，你可說：「上帝愛我」。或者，你信仰觀世音菩薩，就把「人生」兩個字換成「觀世音菩薩」，你可以說：「觀世音菩薩愛我」。

從你開始學會把愛給自己的那一刻開始，也就活出了新的自己。當你開始轉變內在，人生的外在就會同時跟著轉變。因為你已經認清：

**所有的恐懼，都是幻相。所有的不被愛，只是自己的妄念。任何的考驗，都是在提醒你：用愛與慈悲去超越。每一次挑戰成功，就會有奇蹟發生。而生命最大的奇蹟，就是創造自己。**

沒有人可以真正羞辱你，除非你接受這個羞辱，照單全收。沒有人能決定你不被愛，除非你先不愛你自己。

就算從前發生過足以嚴重傷害你，而讓你覺得自己完全不被愛、也不值得被愛的事件，它也只是一個考驗而已。即使你曾經被拋棄、被背離、被辜負、被傷害、被霸凌、被貼上多麼惡意的標籤……那些不被愛、或不值得被愛，都只是感受，絕非事實。

## 只要你願意敞開，就會看到生命的無限豐盈

你終究會知道：其實，你不是你以為的自己。

**生命要回報給你的珍貴禮物，永遠比你想要得到的，還更加豐富。**

**前提是，你要先把自己內心的豐盛之門打開，宇宙要分享給你的豐盛禮物，才能進得來。**

陽光普照大地，雨露滋養眾生，宇宙的愛，從不曾遺漏掉任何一個人。當然，也包括正感覺失意落寞的自己。

從前的我，缺乏自信，有嚴重的「被寵愛不適應症」，總是拒人於千里之外，不肯收受他人的好意，深怕償還不起，而有所虧欠。我意識到這個問題，已經很多年了，並持續地向內在探詢，終於找到像是無底洞般的，恐懼與匱乏的根源，原來是童年的顛沛流離。於是我不斷學習放下過往，療癒自己，如今也把這套系統化的知識與方法，透過文字與影音，分享給你。

每一位療癒師專攻的領域並不相同，而我的專長在於療癒童年，以及家庭關係。但因為受限於時間，我能服務的對象十分有限，很多讀者已經預約到十個月以後的時間。抱歉之餘，才想邀請你先透過閱讀來自我進修，與生命產生更深度的連結。

此刻開始，你可以見識宇宙取用不盡的豐盈，學會放下「小我」的評斷，不再急著去結論什麼是好、什麼是不好，什麼是值得、什麼是不值得。把一切交給「高我」來引導，讓他帶領自己去體驗愛與慈悲。

靈魂
練習題

# 尋找自己其實被愛的痕跡

## 01

回想覺得自己不被同意、不被支持、不被愛的經驗，把那段故事的前因後果，都詳細地記錄下來。

## 02

若試著換位成對方的立場，重新檢視一遍，是不是會發現：對方也在渴望被你同意、被你支持、被你愛？你願意比對方先放下自己的需求嗎？如果願意，是為什麼？如果不願意，那又是為什麼？

## 03

從其他生命經驗、或大自然裡，去尋找自己被愛的蛛絲馬跡，就算只是來自一個陌生人的微笑或幫助也好，讓曾經被愛的感動回過頭來，繼續滋養你。

[ YouTube ]　[ Podcast ]

# 延伸閱讀

（按書名第一個字筆畫排序）

- 《人生成敗的靈性7法》狄帕克．喬布拉著　柿子文化
- 《什麼樣的禮物可以拯救你的人生？》伊蒂特．伊娃．伊格著　圓神
- 《內在女性覺醒》潘蜜拉．克里柏著　方智
- 《天賦的力量》內維爾．戈達德著　三采文化
- 《打破人生幻鏡的四個約定》唐．米蓋爾．魯伊茲、珍妮特．密爾斯著　柿子文化
- 《生命力！解鎖人生密碼》羅詩莉．帕特爾著　方智
- 《先放手；再放心：我從〈心經〉學到的人生智慧》吳若權著　悅知文化
- 《回到當下的旅程》李爾納．杰克伯森著　橡實文化
- 《好事吸引力結界》碇典子著　方智
- 《臣服之享》大衛．霍金斯著　三采文化
- 《自信的躍進》沙爾．貝班著　究竟
- 《你可以獨立，但不孤立》芙爾．沃克著　商周出版
- 《我要實現願望！》都築真紀子著　幸福文化
- 《每一次出發，都在找回自己》吳若權著　皇冠
- 《非凡韌性》梅格．潔伊著　圓神
- 《為什麼我們不欠父母?!》芭芭拉．布萊許著　商周出版
- 《為什麼學佛？》蔣揚仁欽著　商周出版
- 《為什麼聰明的人會做蠢事》大衛．羅伯森著　商業週刊
- 《相信就是力量》威廉．沃克．阿特金森著　堡壘文化

- 《科學證實你想的會成真》道森．丘吉著　三采文化
- 《秘修學徒的高等靈性修練法門》魯道夫．史代納著　柿子文化
- 《創傷療癒手冊》艾瑞爾．許瓦茲著　究竟
- 《超悅大腦》道森．丘吉著　三采文化
- 《黃金90秒情緒更新》瓊恩．羅森伯格著　三采文化
- 《愛的奇蹟課程》瑪莉安．威廉森著　橡實文化
- 《新時代覺活》莫琳．聖傑曼著　三采文化
- 《新靈魂觀（30週年全球暢銷版）》蓋瑞．祖卡夫著　木馬文化
- 《當下的力量（全新紀念版）》艾克哈特．托勒著　橡實文化
- 《運氣是可以鍛鍊的》田坂廣志著　方智
- 《潛能之源》塔拉．史瓦特著　啟示出版
- 《療癒密碼2改寫根源記憶》亞歷山大．洛伊德著　方智
- 《豐盛心態》羅伯．摩爾著　商周出版
- 《鏡子靜心》金相云著　方智
- 《讓自己快樂》亞伯．艾里斯著　大牌出版
- 《讓愛自己變成好習慣》卡馬爾．拉維坎特著　采實文化
- 《靈魂之書》馬克．尼波著　漫遊者文化
- 《靈魂的出生前計劃》羅伯特．舒華茲著　方智
- 《靈覺醒》芭芭拉．安吉麗思著　三采文化

Invitation

“你的一小段話，
將會是我們成長的動力！”

吳若權讀友募集活動開始了，

謝謝你因為《其實，你不是你以為的自己》而成為我們的好朋友。

如果你對新書有任何建議，或是對作者有說的話，

都能在這裡留言喔，我們也會不定期放在書中分享。

現正開放登錄中

成為好朋友，可以享有以下優惠：

- 搶先新書訊息不漏接！
- 好康活動，第一個想到你！

• • •

同場加映

＼一同跨越心理，進入心靈層次，進入靈魂鍛鍊課程！／

[ YouTube ]
吳若權的幸福書房

[ Podcast ]
吳若權療心室

悅知文化
Delight Press

## 線上讀者問卷 TAKE OUR ONLINE READER SURVEY

# 臣服，
# 既是全然地放下執著，
# 也是全面地交付宇宙。

——————《其實，你不是你以為的自己》

請拿出手機掃描以下QRcode或輸入
以下網址，即可連結讀者問卷。
關於這本書的任何閱讀心得或建議，
歡迎與我們分享 :)

https://bit.ly/3ioQ55B

# 其實，你不是你以為的自己

## ——療癒成長的創傷，還原靈性的美好

作　　者 | 吳若權 Eric Wu
發 行 人 | 林隆奮 Frank Lin
社　　長 | 蘇國林 Green Su

出版團隊
總 編 輯 | 葉怡慧 Carol Yeh
企劃編輯 | 鄭世佳 Josephine Cheng
責任行銷 | 朱韻淑 Vina Ju
封面裝幀 | 木木Lin
攝影照片 | 張語辰 Chen Chang
（P.4-5、P.8-9、P.132、P.137、P.180-181、P.225、P.277）
內頁排版 | 黃靖芳 Jing Huang

行銷統籌
業務處長 | 吳宗庭 Tim Wu
業務主任 | 蘇倍生 Benson Su
業務專員 | 鍾依娟 Irina Chung
業務秘書 | 陳曉琪 Angel Chen・莊皓雯 Gia Chuang

發行公司 | 悅知文化　精誠資訊股份有限公司
105台北市松山區復興北路99號12樓
訂購專線 | (02) 2719-8811
訂購傳真 | (02) 2719-7980
專屬網址 | http://www.delightpress.com.tw
悅知客服 | cs@delightpress.com.tw
ISBN：978-986-510-215-9
建議售價 | 新台幣380元　首版一刷 | 2022年04月　首版七刷 | 2022年11月

國家圖書館出版品預行編目資料

其實，你不是你以為的自己：療癒成長的創傷，還原靈性的美好 / 吳若權著 -- 初版. -- 臺北市：精誠資訊股份有限公司, 2022.04
面；　公分
ISBN 978-986-510-215-9（平裝）
1.CST: 人生哲學 2.CST: 修身

191.9　　111005107

建議分類 | 心理勵志

**著作權聲明**

本書之封面、內文、編排等著作權或其他智慧財產權均歸精誠資訊股份有限公司所有或授權精誠資訊股份有限公司為合法之權利使用人，未經書面授權同意，不得以任何形式轉載、複製、引用於任何平面或電子網路。

**商標聲明**

書中所引用之商標及產品名稱分屬於其原合法註冊公司所有，使用者未取得書面許可，不得以任何形式予以變更、重製、出版、轉載、散佈或傳播，違者依法追究責任。

版權所有　翻印必究

本書若有缺頁、破損或裝訂錯誤，請寄回更換
Printed in Taiwan

---

攝　　影 | 謝文創　攝影協力 | 宋美芳　妝　　髮 | 張馨元
造　　型 | 游亦舫　髮　　型 | 楊牡丹
眼鏡造型 | 楊書維（玩・美鏡 02- 87726679）